U0503439

政治经济学原理学习指导

（第二版）

GUIDE OF THE STUDIES OF POLITICAL ECONOMICS

彭新万　龚立新　杨勇　编著

经济管理出版社

ECONOMY & MANAGEMENT PUBLISHING HOUSE

图书在版编目（CIP）数据

政治经济学原理学习指导/彭新万等编著. —2 版. —北京：经济管理出版社，
2014.10（2017.2 重印）

ISBN 978-7-5096-3204-8

Ⅰ.①政…　Ⅱ.①彭…　Ⅲ.①政治经济学—高等学校—教学参考资料
Ⅳ.①F0

中国版本图书馆 CIP 数据核字（2014）第 143312 号

组稿编辑：王光艳

责任编辑：许　兵　吴　蕾

责任印制：司东翔

责任校对：张　青

出版发行：经济管理出版社

　　　　　（北京市海淀区北蜂窝 8 号中雅大厦 A 座 11 层　100038）

网　　　址：www. E-mp. com. cn

电　　　话：（010）51915602

印　　　刷：三河市延风印装有限公司

经　　　销：新华书店

开　　　本：720mm×1000mm/16

印　　　张：16

字　　　数：280 千字

版　　　次：2014 年 10 月第 2 版　　2017 年 2 月第 3 次印刷

书　　　号：ISBN 978-7-5096-3204-8

定　　　价：35.00 元

·版权所有　翻印必究·

凡购本社图书，如有印装错误，由本社读者服务部负责调换。

联系地址：北京阜外月坛北小街 2 号

电话：（010）68022974　　邮编：100836

前　言

本书是江西财经大学经济学院康静萍教授等编著的《政治经济学原理》教材的辅导书，编写的目的是为了配合高等院校财经专业"政治经济学"课程的教学需要，测试学生对政治经济学原理基本知识的掌握程度，训练与提高学生运用政治经济学理论分析、解决问题的能力。本书作为一本配套教材，在编写过程中着力于教与学的指导性和教材的配套性，力求忠实于康静萍教授等编著的《政治经济学原理》教材，如遇有争议的内容和问题，一概依从教材所持的观点。

本书的修订是在总结《政治经济学原理学习指导》第一版使用情况的基础上完成的，与《政治经济学原理学习指导》第一版相比，简化了内容，最直接表明学生使用的目的——通过课后不同题型的训练扎实掌握马克思主义经济学基本原理。本书共分为三大部分：第一部分为习题，共分为九大类型；第二部分为习题参考答案，是本书的核心部分；第三部分为试卷及试卷参考答案（共三套）。

本书第一章、第二章、第三章、第四章、第五章的1~8题型以及试卷（包括试卷答案）的修订、整理由彭新万老师完成，第六章、第七章、第八章、第九章、第十章的1~8题型的修订、整理由杨勇老师完成，龚立新老师主要对阅读分析题进行了修订和完善，校对、统稿等其他修订工作由彭新万和杨勇老师完成。

本书的编写体现了如下特点：第一，题型丰富，信息量大。本书习题共有九大类型，基本涵盖了《政治经济学原理》所有的知识点，力争做到包含同类教材中出现的所有题型。第二，启发性强。我们在每章都选取了现实经济生活中的典型事例供学生阅读分析，启发学生全面灵活掌握政治经济学理论，训练学生分析问题、解决问题的能力。另外，注意吸收当前该领域（教学与科研）的优秀成果。

　　由于作者水平有限，书中的疏漏与错误在所难免，恳请同仁、读者不吝赐教与批评指正。

作　者

2014 年 6 月

目　录

第一部分　习题

第一章 导论

一、概念题

1. 生产力
2. 生产关系
3. 劳动资料
4. 劳动对象
5. 经济基础
6. 上层建筑
7. 经济规律

二、单项选择题

1. 在经济学说史上最早使用"政治经济学"一词的是（　　）。
   A. 色诺芬
   B. 魁奈
   C. 威廉·配第
   D. 蒙克莱田

2. 马克思主义政治经济学是在批判地继承（　　）科学成分的基础上创立的。
   A. 重商主义
   B. 重农主义
   C. 资产阶级古典政治经济学
   D. 凯恩斯主义

3. 人类历史上第一部系统论述资本主义生产方式的著作是（　　）。
   A.《1844 年经济学哲学手稿》

B.《〈政治经济学批判〉导言》

C.《资本论》

D. 凯恩斯的《就业、利息和货币通论》

4. 政治经济学研究的出发点是（　　）。

A. 生产关系

B. 生产力

C. 商品

D. 物质资料生产

5. 人类社会存在和发展的基础是（　　）。

A. 劳动过程

B. 物质资料生产

C. 科学技术的发明和创造

D. 精神产品的生产

6. 在社会生产关系中，需要解决的最基本的问题是（　　）。

A. 生产与分配、交换、消费的关系问题

B. 生产力与生产关系相互作用的问题

C. 生产资料归谁所有的问题

D. 物质资料生产问题

7. 社会生产过程的决定性环节是（　　）。

A. 生产

B. 分配

C. 交换

D. 消费

8. 社会生产关系的基础是（　　）。

A. 人们的相互关系

B. 市场的商品交换

C. 资源的有效配置

D. 生产资料所有制

9. 决定社会经济制度变更的经济规律是（ ）。

A. 价值规律

B. 剩余价值规律

C. 生产关系一定要适合生产力发展要求的规律

D. 节约劳动时间规律

10. 社会生产方式是（ ）。

A. 经济基础和上层建筑的有机结合和统一

B. 生产关系和生产力的有机结合和统一

C. 生产资料所有权和使用权的有机结合和统一

D. 劳动资料和劳动者的有机结合和统一

11. 经济规律产生的经济条件是指（ ）。

A. 一定的生产力状况

B. 一定的生产关系

C. 一定的生产技术水平

D. 一定的生产性质

12. 政治经济学的研究任务是（ ）。

A. 揭示生产力

B. 揭示生产关系

C. 揭示客观规律

D. 揭示剩余价值

13. 决定社会经济制度变更的经济规律是（ ）。

A. 价值规律

B. 剩余价值规律

C. 社会再生产规律

D. 生产关系适应生产力发展规律

14. 马克思主义政治经济学的理论基石是（ ）。

A. 劳动价值论

B. 劳动二重性学说

C. 剩余价值理论

D. 平均利润和生产价格学说

15. 马克思主义政治经济学的科学性是建立在（   ）。

A. 人们的物质利益关系基础上的

B. 它的阶级性和实践性基础上的

C. 历史唯物主义和唯物辩证法基础上的

D. 矛盾分析法和科学抽象法基础上的

三、多项选择题

1. 生产物质资料的劳动过程必须具备的实体性要素是（   ）。

A. 劳动者

B. 劳动管理

C. 劳动资料

D. 劳动对象

E. 劳动方式

2. 广义的社会生产关系是指（   ）四个方面经济关系的总和。

A. 狭义生产关系

B. 分配关系

C. 交换关系

D. 消费关系

E. 劳资关系

3. 生产力和生产关系的关系可概括为（   ）。

A. 生产力对生产关系起决定作用

B. 生产关系对生产力起反作用

C. 生产关系对生产力起决定作用

D. 生产力对生产关系起反作用

E. 生产关系总是与生产力处于对抗矛盾之中

4. 在钢铁厂中，属于劳动资料的有（   ）。

A. 矿石

B. 生产工具

C. 厂房

D. 道路

E. 原料

5. 生产力（ ）。

A. 是人们运用生产资料创造社会财富的能力

B. 包括劳动对象、劳动资料和劳动者三个要素

C. 是推动社会发展的决定因素

D. 体现人与自然的关系

E. 是生产方式的物质内容

6. 经济规律的客观性说明（ ）。

A. 人们不能违反经济规律

B. 人们不能改变经济规律

C. 人们可以创造经济规律

D. 人们可以认识经济规律

E. 人们可以运用经济规律

7. 政治经济学作为一门社会科学，它与自然科学的本质差别在于（ ）。

A. 表现为某种阶段性

B. 表现为一定的国度性

C. 表现为积极的实践性

D. 表现为对人类的终极关怀

E. 表现为鲜明的"人文"特征

四、判断题

1. 人们的劳动能力是人类社会存在和发展的基础。 （ ）

2. 政治经济学是研究生产力的学问。 （ ）

3. 社会生产总过程中的生产、分配、交换和消费之间，存在着相互联系、相互制约、相互决定的关系。 （ ）

4. 人们的劳动能力是人类社会存在和发展的基础。 （ ）

5. 生产方式是生产关系的基础。 （ ）

6. 生产力是一个人生产多少东西的能力。　　　　　　　　（　　）

7. 存在阶级情形下，政治经济学的一个客观内容就是表现为阶段性。

（　　）

五、辨析题

经济规律和自然规律都是客观的，因此，两者之间没有差异。

六、简答题

1. 与资产阶级政治经济学相比，马克思主义政治经济学具有哪些特点？

2. 为什么经济规律是客观的？与自然规律相比它有哪些特点？

3. 按照经济规律发挥作用的社会经济条件不同，经济规律可以区分为哪些类型？

七、论述题

1. 生产与交换、分配、消费的相互关系是什么？

2. 试分析马克思主义政治经济学研究对象的特点。

八、阅读分析题（用所学政治经济学原理对其进行全面分析）

请仔细阅读以下材料，并说明下面的经济行为违背了哪些马克思主义政治经济学原理。

1958 年 5 月，中共八大二次会议召开，会议根据毛泽东提议，提出了"鼓足干劲，力争上游，多快好省地建设社会主义"的总路线，力图在探索我国建设社会主义的道路上打开一个新局面。会后，"大跃进"运动迅速在全国范围内发动起来。在"大跃进"浪潮中，全国农村一哄而起，大办人民公社。在没有经过试验的情况下，只用一个多月全国就基本实现了公社化。同年底，全国 74 万个农业合作社合并为 2.6 万个人民公社。

"大跃进"、"人民公社"运动期间及之后的几年里，我国社会经济中出现了一些极不正常的现象：

《人民日报》1958 年 9 月 18 日报道："广西壮族自治区环江县红旗人民公社，成功地运用了高度并禾密植方法，获得中稻平均亩产 130434 斤

10两4钱的高产新纪录。"这是那个年代放的最大一颗水稻"卫星"。

1958年12月19日，经过全国人民3个半月的奋战，党中央宣布："1958年，我国人民夺取1070万吨钢铁的大战已经告捷"。其实，在1070万吨钢中，300万吨是土钢，416万吨是土铁，基本上是不能使用的，造成城乡人力、物力、财力的巨大浪费和损失。据有关资料记载，仅大炼钢铁，全国的损失约200亿元。

从1958年下半年起，自古传统一直是各家各户分散做饭的中国农民，响应党中央号召，忽然全都拥至新开办的人民公社大食堂就餐。至是年底，作为"大跃进"和人民公社推动的新生事物人民公社大食堂，全国达到了345万个，在大食堂吃饭的人口占全国农村总人口的90%以上，5亿名中国农民吃起了名副其实的"大锅饭"。当时，上上下下对人民公社大食堂颇为看好，对其大唱赞歌，总结出了众多的"优越性"，甚至天真地认为，中国农民自此就可以过上吃喝不用愁的好日子。

广东新会县的大泽公社发放第一次工资后，出现了"四多四少"的现象：吃饭的人多，出勤的人少；装病的人多，吃药的人少；学懒的人多，学勤的人少；读书的人多，劳动的人少。类似的现象在新会县的其他公社也普遍存在。①

据1983年中国国家统计局在《中国统计年鉴》中公布的每年度中国户口登记的人口数字显示，中国在1960年的人口总数比1959年减少了1000万左右，但有部分民间学者认为，1959年、1960年、1961年三年间，中国饿死的人口数字在3000万左右，即占到当时全国总人口的5%。

资料来源：此部分内容是编者根据网上资料整理。

---

①罗平汉：《大锅饭：公共食堂始末》，广西人民出版社，2007年版。

第二章　商品经济的一般理论

一、概念题

1. 商品
2. 交换价值
3. 抽象劳动
4. 价值
5. 社会必要劳动时间
6. 复杂劳动
7. 相对价值形式
8. 等价形式
9. 价格标准
10. 支付手段

二、单项选择题

1. 构成一切社会财富的物质内容是（　　）。
A. 商品的使用价值
B. 商品的价值
C. 商品的交换价值
D. 商品的社会属性

2. 商品从内在本质上说，就是（　　）的对立统一体。
A. 劳动与交换
B. 使用价值与具体劳动
C. 价值与抽象劳动
D. 使用价值与价值

3. 作为商品交换价值的物质承担者的是（　　）。

A. 商品的价值

B. 商品的使用价值

C. 具体劳动

D. 抽象劳动

4. 价值是商品的（　　）属性。

A. 抽象

B. 公有

C. 社会

D. 交换

5. 理解马克思主义政治经济学的枢纽是（　　）。

A. 生产商品的劳动具有二重性理论

B. 商品是使用价值和价值的统一的理论

C. 私人劳动和社会劳动相矛盾的理论

D. 复杂劳动是几倍于简单劳动的理论

6. 某地连续干旱，农民采取各种措施，如打深井、扩大灌溉面积等，保证了蔬菜供应，但蔬菜价格普遍上涨，造成蔬菜价格上涨的根本原因是（　　）。

A. 蔬菜价格放开

B. 蔬菜供不应求

C. 蔬菜价值增大

D. 蔬菜运费增加

7. 商品的使用价值和价值是由生产商品的（　　）决定的。

A. 私人劳动和社会劳动

B. 简单劳动和复杂劳动

C. 具体劳动和抽象劳动

D. 个别劳动和社会劳动

8. 从本质上说，决定两种商品相互交换数量比例的是（　　）。

A. 价值

B. 供求关系

C. 使用价值

D. 自然属性

9. 个别企业生产商品劳动时间的缩短意味着 （   ）。

A. 该企业劳动生产率提高

B. 该企业劳动生产率降低

C. 社会必要劳动时间增加

D. 社会必要劳动时间减少

10. 在一个部门中，个别企业的劳动生产率变化，但是部门劳动生产率不变，则生产单位商品的社会必要劳动时间与单位商品的价值量 （   ）。

A. 前者变化而后者不变

B. 后者变化而前者不变

C. 两者都不变

D. 两者都变化

11. 私人劳动要转化为社会劳动必须通过 （   ）。

A. 通过消灭私有制

B. 通过商品交换

C. 通过提高产品质量

D. 通过生产者分工协作

12. 简单劳动和复杂劳动在同样劳动时间内 （   ）。

A. 简单劳动创造的价值倍于复杂劳动

B. 复杂劳动创造的价值倍于简单劳动

C. 简单劳动和复杂劳动创造的价值相同

D. 简单劳动比复杂劳动创造的价值更多

13. 私人劳动和社会劳动的矛盾是商品经济的 （   ） 矛盾。

A. 内在

B. 外部

C. 次要

D. 基本

14. 在 1 只绵羊=2 把斧子的交换中，绵羊的价值是通过斧子的 （　　） 表现出来的。

A. 价值

B. 价格

C. 使用价值

D. 交换价值

15. 一种商品的价值表现在与它相交换的一系列商品上，这是价值形式的 （　　）。

A. 简单的或偶然的价值形式

B. 总和的或扩大的价值形式

C. 一般价值形式

D. 货币形式

16. 货币的基本职能有 （　　）。

A. 价值尺度、支付手段

B. 价值尺度、贮藏手段

C. 价值尺度、流通手段

D. 价值尺度、世界货币

17. 货币在执行某种职能时，可以是观念上的货币，而不必是现实的货币，这种情况属于 （　　）。

A. 流通手段职能

B. 价值尺度职能

C. 贮藏手段职能

D. 支付手段职能

18. 一本书售价 20 元 4 角，这里的 "元"、"角" 是 （　　）。

A. 货币价值

B. 观念货币

C. 价值尺度

D. 价格标准

19. 发放工资的货币执行的职能是（　　）。

A. 支付手段

B. 贮藏手段

C. 流通手段

D. 价值尺度

20. "商品价值的货币表现"指的是商品的（　　）。

A. 价值尺度

B. 价格标准

C. 价格

D. 形式

21. 价值规律的基本内容应该是（　　）。

A. 价值规律是商品经济中的客观经济规律

B. 价值规律决定其他规律的经济规律

C. 价值规律是价值如何决定和实现的规律

D. 价值规律是经济中起基础性作用的规律

22. 价值规律的作用形式是（　　）。

A. 商品的价格和价值在量上完全一致

B. 商品的价格和价值在质上完全一致

C. 商品的价格总是围绕价值上下波动

D. 商品的价值总是围绕价格上下波动

三、多项选择题

1. 下列物品中不属于商品的有（　　）。

A. 森林中的树

B. 阳光、空气

C. 联合国用于赈灾的粮食

D. 土地

E. 道路

2. 使用价值与价值的不同表现在 （   ）。

A. 使用价值作为商品的自然属性，反映的是人与自然的关系

B. 价值作为商品的社会属性，反映的是商品生产者之间的社会关系

C. 使用价值是一切有用物品包括商品所共有的属性

D. 价值是商品所特有的属性，是商品经济的范畴

E. 价值的存在以使用价值的存在为前提

3. 商品的使用价值与一般物品的使用价值的区别，在于 （   ）。

A. 它是劳动产品的使用价值

B. 它是社会的使用价值

C. 它是交换价值的物质承担者

D. 它是商品生产者拥有的使用价值

E. 它是商品消费者拥有的使用价值

4. 下列有关商品使用价值的正确说法是 （   ）。

A. 商品的使用价值归他人所有

B. 反映人与人的关系

C. 反映物与物的关系

D. 是商品的自然属性

E. 反映人与自然的关系

5. 某人生产某种商品的同一次劳动，从不同的角度可以划分为不同的组合，即 （   ）。

A. 具体劳动与抽象劳动

B. 个别劳动与社会劳动

C. 简单劳动与复杂劳动

D. 私人劳动与社会劳动

E. 个别劳动与集体劳动

6. 具体劳动与抽象劳动的关系是 （   ）。

A. 抽象劳动体现商品生产者之间的经济关系，具体劳动反映人与自然的关系

B. 具体劳动和抽象劳动是两种独立存在的劳动或两次劳动

C. 具体劳动和抽象劳动不是两种独立存在的劳动或两次劳动

D. 具体劳动是一般范畴，抽象劳动是历史范畴

E. 具体劳动是历史范畴，抽象劳动是一般范畴

7. 从对商品价值量的科学分析可以看出（　　）。

A. 价值量不是由个别劳动时间决定的

B. 价值量不是由社会必要劳动时间决定的

C. 复杂劳动只有还原为加倍的简单劳动，才能进行价值量上的比较

D. 商品使用价值量与生产该商品的劳动生产力成正比

E. 商品价值量与生产该商品的劳动生产力成反比

8. 劳动生产率越高，同一劳动在同一时间内生产的（　　）。

A. 产品数量越多

B. 单位产品的价值量越大

C. 单位产品的价值量越小

D. 总价值量越大

E. 总价值量不变

9. 汽车的价格比自行车高，其原因是（　　）。

A. 汽车的价值比自行车价值大

B. 汽车的功能比自行车强

C. 物以稀为贵，汽车比自行车少

D. 生产汽车耗费的抽象劳动比自行车多

E. 生产汽车的社会必要劳动时间比自行车大

10. 决定和影响商品价格变动的因素有（　　）。

A. 商品本身的价值

B. 商品本身的使用价值

C. 货币的价值

D. 市场供求关系

E. 货币的价格标准

11. 由商品经济基本矛盾决定的其他矛盾有（　　）。

A. 使用价值与价值的矛盾

B. 具体劳动与抽象劳动的矛盾

C. 个别价值与社会价值的矛盾

D. 必要劳动时间与剩余劳动时间的矛盾

E. 个别劳动时间与社会劳动时间的矛盾

12. 价值形式的发展经历了（　　）等阶段。

A. 简单的价值形式

B. 扩大的价值形式

C. 一般的价值形式

D. 货币形式

E. 信用卡形式

13. 许多商品的价值由一种商品来表现的现象属于（　　）。

A. 简单的、偶然的价值形式

B. 总和的扩大的价值形式

C. 一般价值形式

D. 货币形式

E. 相对价值形式

14. 货币商品的特殊性表现在（　　）。

A. 货币商品是价值的一般直接代表

B. 具有普通商品所没有的特殊价值

C. 具有普通商品所没有的特殊的使用价值

D. 可以用来表现一切商品的价值

E. 具有当货币材料的特殊自然属性

15. 一定时期内所需的货币流通量取决于（　　）。

A. 流通中商品量

B. 商品的价格水平

C. 商品网点的多少

D. 货币本身的流通速度

E. 商品的流通速度

16. 货币发挥流通手段的职能后，商品交换发生了质的变化，与直接的物物交换相比，这些区别表现在（　　）。

A. 买卖双方使用价值的需求不发生直接的相互关系

B. 不要求买和卖在时间上相一致

C. 不要求买和卖在空间上相一致

D. 使直接的物物交换发生了本质区别

E. 使直接的物物交换必须通过货币媒介

17. 货币的职能有（　　）。

A. 价值尺度

B. 流通手段

C. 贮藏手段

D. 支付手段

E. 世界货币

18. 在金属货币流通的条件下，货币作为贮藏手段（　　）。

A. 是把货币作为财富代表退出流通进行贮藏

B. 只能是具有价值的金银商品

C. 可以是纸币或观念上的货币

D. 会使流通中的货币减少，使商品销售困难

E. 会自发地调节流通中所必需的货币量

19. 纸币流通规律表明（　　）。

A. 增加纸币的发行量一定会引起通货膨胀

B. 增加纸币的发行量不一定会引起通货膨胀

C. 流通的单位纸币的价值决定于纸币发行量

D. 商品价格水平会随纸币数量的增减而涨跌

E. 纸币发行量超过商品流通所需金属货币量会引起通货膨胀

20. 对价值规律正确的理解应该是（　　）。

A. 价值规律是商品经济的基本规律

B. 价值规律是价值如何决定的规律

C. 价值规律是价值如何实现的规律

D. 价值围绕价格上下波动是价值规律的表现形式

E. 价格围绕价值上下波动是价值规律的表现形式

四、判断题

1. 商品必须是劳动产品，所以劳动产品也就是商品。　　　　（　　）

2. 商品的二因素决定于生产商品的劳动二重性。　　　　（　　）

3. 有使用价值的东西就一定有价值。　　　　（　　）

4. 把劳动区分为私人劳动与社会劳动，是为了探讨商品两因素的来源。

（　　）

5. 商品的二因素是指商品的价值和交换价值。　　　　（　　）

6. 一种商品中凝聚的社会必要劳动时间越长，其市场价格就越高。因此，假如哪位生产者提高劳动生产率，就会降低他所生产的商品的价值量，这对他是不利的。　　　　（　　）

7. 一次复杂劳动，等于倍加的简单劳动。　　　　（　　）

8. 劳动生产率越高，商品价值量越大。　　　　（　　）

9. 货币产生之后，商品的内在矛盾消失，变成了外在矛盾。　　（　　）

10. 商品交换时，作为起媒介作用的货币的纯度与新旧，是至关重要的。

（　　）

11. 商品的价值形式就是价值的表现形式，也就是交换价值。　（　　）

12. 一个商品的等价形式就是它能与另一个商品直接交换的形式。（　　）

13. 金银天然是货币，货币天然不是金银。　　　　（　　）

14. 纸币发行量的增加不一定会引起通货膨胀。　　　　（　　）

15. 价值是由当时社会平均生产条件下，生产市场上这种商品的社会必需总量所必要的劳动时间决定的。　　　　（　　）

五、辨析题

1. 商品的两因素分别由两种不同的劳动——具体劳动和抽象劳动创造。

2. 商品和天然物品之间的区别，在于商品具有价值和使用价值，而天然物品没有。

3. 价值是商品的社会属性，体现着商品生产者相互交换劳动的社会关系。

4. 通过计算某一部门生产某种商品的个别劳动时间，我们可以确定生产该商品的社会必要劳动时间。

5. 人们之所以进行商品交换，是因为需要对方商品的使用价值，因此使用价值的差异性是商品能够进行交换的根本原因。

6. 价格是价值的货币表现，如果价格发生变化，意味着价值一定发生了变化。

7. 废品收购站收购的各种废品，没有使用价值，但有价值。

8. 商品拜物教是商品经济条件下社会生产关系借以表现的特定形式。

9. 货币的出现使商品内部矛盾使用价值和价值的对立统一，发展为商品和货币的对立统一关系。

六、计算题

1. 去年，在供求一致的条件下，某商品的单位价值为 1 元，今年生产该商品的社会劳动生产率提高了 25%，根据价值量决定原理，该商品今年价值为多少？

2. 一年内售出商品的价格总额为 2400 亿元，不考虑赊销商品、到期支付与互相抵消支付总额。每元货币的年平均流通次数为 8 次，发行纸币为 200 亿元，纸币升值了或贬值了多少？

七、简答题

1. 为什么说商品是使用价值与价值的矛盾统一体？

2. 简述具体劳动和抽象劳动的联系与区别。

3. 为什么说私人劳动与社会劳动的矛盾是商品经济的基本矛盾？

4. 金银最适合充当货币材料的原因是什么？

5. 流通中所需要的货币量的决定因素及其变动与货币需要量变动的关系是什么？

6. 市场上的商品价格会经常波动，请问这种现象是否违背价值规律？为什么？

八、论述题

1. 试述马克思关于劳动价值学说的主要内容及意义。

2. 价值规律的内容和作用形式是什么？价值规律在商品经济中的作用是什么？

九、阅读分析题（用所学政治经济学原理对其进行全面分析）

以下是 2010 年"五一"期间北京部分商场商品打折的信息：

商场名称	打折内容	打折日期
君太百货	心动五一购物季　全馆满 100 省 55	04 月 15 日至 05 月 03 日
双安商场	乐淘五一欢乐周　满 200 减 80/60/40	04 月 23 日至 05 月 03 日
新华百货	五月盛妆嘉年华　满 100 减 55/45/35	04 月 29 日至 05 月 03 日
庄胜崇光百货	假日乐无限　200 元当 300 元花	04 月 30 日至 05 月 03 日
当代商城	我和春天有个约会　大部分商品 8 折起	04 月 23 日至 05 月 03 日
蓝色港湾 Solana	多重好礼响不停　全馆春装低至 3 折	05 月 01 日至 05 月 03 日
长安商场	感恩 20 载臻情相约　满 200 减 80/60/40	04 月 22 日至 05 月 03 日
太平洋百货	5.1 购物嘉年华　每满 200 元赠 100 元	04 月 16 日至 05 月 03 日
百盛购物中心	复兴门店　劳动节春装出清 6 折起	04 月 21 日至 05 月 04 日
新世界商场	新世界四月天季末减　夏装抢先惊价购	04 月 21 日至 05 月 05 日
枫蓝国际购物中心	大爱 51 实惠到底　满 198 减 88	04 月 23 日至 05 月 12 日
新光天地	新光文苑国际名品特卖会	04 月 29 日至 05 月 13 日
华宇时尚购物中心	五一满 100 减 60	04 月 29 日至 05 月 13 日
新世界商场	望京新世界五一举办"劳动最光荣"活动	04 月 29 日至 05 月 13 日
西单大悦城	55 会员特享 LA MIU 朝阳大悦城店优惠	04 月 30 日至 05 月 14 日
西直门嘉茂购物中心	望京嘉茂 5 月嘉茂血拼达人活动	04 月 30 日至 05 月 14 日
上品折扣	上品朝阳门店欧迪芬 20 元起	04 月 30 日至 05 月 14 日
晨曦百货	晨曦百货"妈妈我爱你"活动夏装 7 折起	04 月 30 日至 05 月 14 日

请你用所学价值规律理论分析这种打折现象。

第三章　资本及其剩余价值

一、概念题

1. 资本
2. 不变资本
3. 可变资本
4. 价值增殖过程
5. 剩余价值率
6. 必要劳动
7. 剩余劳动
8. 绝对剩余价值生产
9. 相对剩余价值生产
10. 超额剩余价值
11. 实际工资

二、单项选择题

1. 资本总公式的矛盾是（　　）。
A. 使用价值与价值的矛盾
B. 商品流通与货币流通的矛盾
C. 生产过程与流通过程的矛盾
D. 价值增值与等价交换之间的矛盾

2. 货币转化为资本的决定性条件是（　　）。
A. 货币是一般等价物
B. 生产资料自由买卖
C. 劳动力成为商品
D. 资本主义市场的扩大

3. 资本的本质是 （ ）。

A. 购买生产资料的货币

B. 购买劳动力的货币

C. 购买商品的货币

D. 带来剩余价值的价值，体现了资本主义生产关系

4. 劳动力商品最突出的特殊性在于 （ ）。

A. 它的价值由生存、延续、发展三部分生活资料的价值组成

B. 它的价值决定受历史道德因素的影响

C. 它的使用价值是价值的源泉

D. 它存在于人的体内

5. 劳动力价值决定的一个重要的特点是 （ ）。

A. 它由剩余价值决定

B. 它包括历史和道德因素

C. 它由自身的使用价值决定

D. 它由市场的供求关系决定

6. 劳动力商品不同于一般商品 （ ）。

A. 没有其他商品时，它已成为商品

B. 它的价值不由再生产它的社会必要劳动时间决定

C. 它的价值会转移到商品中

D. 它的使用价值是创造价值的能力，能创造出比自身更大的价值

7. 劳动力商品的价值是由 （ ）。

A. 劳动力实际耗费大小决定的

B. 再生产劳动力所必需的生活资料的价值决定的

C. 劳动力创造的剩余价值大小决定的

D. 劳动力创造的价值大小决定的

8. 资本主义生产过程是 （ ）。

A. 价值和使用价值形成过程的统一

B. 劳动过程和价值增值过程的统一

C. 劳动过程和价值形成过程的统一

D. 以上均不对

9. 价值增值过程不外是超过一定点而延长的价值形成过程，这个一定点是指（ ）。

A. 工人为资本家生产剩余价值所需要的劳动时间

B. 工人补偿劳动力价值所需要的劳动时间

C. 工人的具体劳动转移生产资料价值的时间

D. 工人工作日的下限

10. 在价值增值过程中具体劳动的作用是（ ）。

A. 转移生产资料的价值

B. 转移劳动力的价值

C. 创造生产资料价值

D. 创造劳动力价值

11. 马克思区分不变资本和可变资本的依据是（ ）。

A. 它们的不同形态

B. 它们在剩余价值生产中所起的作用不同

C. 不变资本是客观要素，可变资本是主观要素

D. 以上均不对

12. 以生产资料存在的那部分资本之所以叫不变资本，是因为（ ）。

A. 它在价值形成和价值增值过程中不起任何作用

B. 它的价值不会转移到新产品中去

C. 它的价值会转移到新产品中去，但价值量不会发生变化

D. 它的实物形态不会发生任何变化，永远存在

13. 机器设备等物成为资本是因为它们是（ ）。

A. 生产劳动产品的条件

B. 生产商品的条件

C. 生产剩余价值的条件

D. 生产物质财富的条件

14. 剩余价值的产生是（　　）。

A. 在生产领域，与流通领域无关

B. 在流通领域，但不能离开生产领域

C. 在生产领域，但不能离开流通领域

D. 既在生产领域，又在流通领域

15. 剩余价值的源泉是工人的（　　）。

A. 必要劳动

B. 剩余劳动

C. 具体劳动

D. 物化劳动

16. 能准确反映产业资本家对工人剥削程度的经济范畴是（　　）。

A. 剩余价值量

B. 剩余价值率

C. 利润率

D. 平均利润率

17. 商品的个别价值低于社会价值的差额是（　　）。

A. 超额利润

B. 超额剩余价值

C. 利润

D. 剩余价值

18. 相对剩余价值的生产是通过（　　）。

A. 资本家通过缩短工人必要劳动时间获得

B. 资本家通过降低工人劳动力价值获得

C. 全体资本家对超额剩余价值的追求获得

D. 资本家对工人剥削程度的提高获得

19. 个别企业加强工人劳动强度而多得的价值部分属于（　　）。

A. 超额剩余价值

B. 相对剩余价值

C. 绝对剩余价值

D. 额外剩余价值

20. 绝对剩余价值生产和相对剩余价值生产都是依靠（　　）。

A. 延长工作日获得的

B. 提高劳动生产率获得

C. 减少工人必要劳动时间获得

D. 增加工人的剩余劳动时间获得

21. 从本质上说，资本主义工资是（　　）。

A. 工人劳动报酬

B. 工人劳动创造的价值

C. 工人劳动创造的价格

D. 工人劳动力的价值或价格

22. 在资本主义工资形式上，工人的全部劳动都表现为（　　）。

A. 必要劳动

B. 剩余劳动

C. 无酬劳动

D. 抽象劳动

23. 区分名义工资和实际工资的意义在于说明（　　）。

A. 名义工资的变化完全反映实际工资的变化

B. 实际工资的变化完全反映名义工资的变化

C. 名义工资和实际工资完全按照同一方向、同一比例发生变化

D. 名义工资的变化并不能完全反映实际工资的变化

24. 能够反映劳动力出卖者真实收入状况的是（　　）。

A. 名义工资

B. 实际工资

C. 货币工资

D. 出卖劳动力的时间

25. 在资本主义商品生产中，工人新创造的价值是（　　　）。

A. c+c

B. c+v+m

C. v+v

D. v+m

三、多项选择题

1. 资本是（　　　）。
A. 用来扩大生产规模的货币
B. 能带来剩余价值的价值
C. 资本主义社会的生产关系
D. 不断增值无休止地运动
E. 一个历史范畴

2. 一般货币流通与资本流通的区别在于（　　　）。
A. 二者的流通形式不同
B. 二者的流通内容不同
C. 二者的流通目的不同
D. 二者流通的界限不同
E. 二者流通的所有者不同

3. 为什么说 G—W—G′ 是资本的总公式（　　　）。
A. 因为这个公式反映了所有资本的最一般的运动形式
B. 因为它同时反映了商业资本、产业资本、生息资本的运动形式
C. 因为它最能揭示资本的运动本质
D. 因为它与货币紧密相连
E. 因为它直接隐藏了一个生产过程

4. 价值增殖不能在流通中产生指的是（　　　）。
A. 流通过程与价值增殖没有关系
B. 买卖亏本的时候不产生价值增殖，而盈利时产生价值增殖
C. 买卖亏本和盈利都不产生价值增殖
D. 买卖亏本与盈利现象只反映价值增殖的分配

E. 价值增殖是在生产过程中产生的

5. 资本总公式 G—W—G′的内容和形式表明 （ ）。
A. 它以追求剩余价值为目的
B. 资本是带来剩余价值的价值
C. 剩余价值是在流通中产生的
D. 剩余价值不是在流通中产生的，但不能离开流通
E. 货币在资本价值增值运动中转化为资本

6. 劳动力成为商品的条件是 （ ）。
A. 劳动者除了劳动力之外一无所有
B. 劳动者在法律上是自由的人
C. 劳动者拥有劳动力的所有权
D. 劳动者丧失了生产资料来源
E. 劳动者只能靠出卖劳动谋生

7. 劳动力商品被使用之后，会出现以下哪些情况 （ ）？
A. 劳动力商品的价值消失
B. 生产资料的价值转移
C. 价值增殖被创造出来
D. 新商品中既凝聚了劳动力价值，又凝聚了剩余价值
E. 货币转化为资本

8. 构成劳动力商品价值的要素有 （ ）。
A. 劳动者在必要劳动时间内创造的价值
B. 维持劳动者自身劳动力再生产所必需的生活资料价值
C. 延续劳动力供给所需要的生活资料价值
D. 培养和训练劳动者所需要的费用
E. 劳动者在剩余劳动时间内所创造的价值

9. 雇佣工人劳动创造的新价值在量上等于 （ ）。
A. $c + v$
B. $c + m$

C. c + v + m

D. v + m

E. w − c

10. 从对货币转化为资本的分析中可以看出 （　　）。

A. 只要是货币都能转化为资本

B. 剩余价值是在流通中产生的

C. 货币要转化为资本，必须能带来剩余价值

D. 剩余价值是在生产中产生的

E. 剩余价值不能从流通中产生，但也不能离开流通产生

11. 资本主义劳动过程的特点是 （　　）。

A. 工人按照自己的意志进行自由劳动

B. 工人在资本家的监督下按照资本家的意志进行劳动

C. 劳动成果归资本家所有

D. 劳动成果的一部分属于工人，剩余的部分归资本家所有

E. 资本家与工人在分工与合作的状态下进行劳动

12. 以下说法正确的有 （　　）。

A. 资本主义的劳动过程，是一般劳动过程和特殊劳动过程的统一

B. 资本主义的生产过程，是劳动过程和价值增殖过程的统一

C. 资本主义的生产过程，是价值形成过程和价值增殖过程的统一

D. 资本主义的生产过程，是 v 的创造过程和 m 的创造过程的统一

E. 资本主义的生产过程，是必要劳动时间和剩余劳动时间的统一

13. 资本家之所以能够采取绝对剩余价值的生产方法，是因为 （　　）。

A. 工作日可以在一定限度内伸缩

B. 工作日的最低界限必须大于社会必要劳动时间

C. 局限工作日时间的生理因素和道德因素是有弹性的

D. 劳动力的买卖并不能决定劳动力的使用时间

E. 生产过程中的劳动时间是归资本家支配的

14. 资本主义制度下，工人的工作日（　　）。

A. 长短取决于劳资双方各自的谈判能力大小

B. 必须大于必要劳动时间

C. 必须分为必要劳动时间和剩余劳动时间

D. 上限受工人生理条件和社会道德因素的影响

E. 必须等于必要劳动时间和剩余劳动时间之和

15. 以下关于剩余价值生产的正确说法是（　　）。

A. 剩余价值生产一般有绝对与相对两种方法

B. 剩余价值生产的劳动时间称为剩余劳动时间

C. 剩余价值是预付资本的产物

D. 在剩余价值生产过程中劳动力只是转移了不变资本的价值

E. 剩余价值的多少取决于机器设备的好坏

16. 在资本主义制度下，资本是（　　）。

A. 自行增殖的价值

B. 能够带来剩余价值的价值

C. 一定的物品

D. 资本家剥削雇佣工人的一种剥削关系

E. 一定数量的货币

17. 下列属于资本的是（　　）。

A. 资本家工厂里处于闲置状态的机器

B. 资本家放在自己保险柜里、暂时无用途的积累货币

C. 某资本主义企业正在执行运送商品的货车

D. 某资本家工厂里正在被用于生产商品的机器

E. 某资本家工厂里正在被加工的原材料

18. 马克思区分不变资本和可变资本的意义主要在于（　　）。

A. 提出了一种新的学术观点

B. 揭示了剩余价值的源泉是可变资本

C. 为考察资本主义的剥削程度提供了科学依据

D. 揭示了资本的本质

E. 揭示了资本家和工人之间的关系是平等的互助合作关系

19. 不变资本是资本主义生产过程中 （　　）。

A. 以生产资本形式存在的资本

B. 价值量不变的资本

C. 价值转移到新产品中去的资本

D. 以劳动力形式存在的资本

E. 价值发生增殖的资本

20. 土地、设备、原材料等生产要素在生产过程中 （　　）。

A. 它们的价值再现在产品价值中

B. 它们的价值由劳动者的活劳动再生产出来

C. 它们的价值量不会发生变化

D. 是使用价值生产的不可缺少的物质要素

E. 与劳动者的劳动一起构成价值创造的源泉

21. 剩余价值率的计算公式是 （　　）。

A. m/c+v

B. 剩余价值与预付可变资本的比例

C. 必要劳动时间/剩余劳动时间

D. 剩余劳动时间/必要劳动时间

E. m/v

22. 资本主义工资是 （　　）。

A. 工人出卖劳动的报酬

B. 在生产过程中工人创造的自身价值的货币表现

C. 是工人在必要劳动时间创造的

D. 往往以劳动的价值表象出现

E. 体现一种剥削关系

23. 名义工资和实际工资的关系是 （　　）。

A. 二者通过生活资料的价格联系在一起

B. 名义工资的涨幅高于生活资料的价格涨幅时则实际工资也上涨

C. 名义工资的涨幅高于生活资料的价格涨幅时则实际工资下跌

D. 体现剥削关系的是名义工资而不是实际工资

E. 工人生活质量的好坏体现在实际工资上

四、判断题

1. 资本最初总是表现为一定数量的货币，所以货币就是资本。 （ ）

2. 既然资本能够带来剩余价值，所以剩余价值是由资本家全部资本带来的。 （ ）

3. 劳动力商品与其他商品相比，使用价值有特殊性而价值没有。 （ ）

4. 某部门资本家全部提高了劳动生产率，于是他们都获得了超额剩余价值。 （ ）

5. 相对剩余价值是全社会劳动生产率普遍提高的结果。 （ ）

6. 剩余价值不是在流通中产生的，它可以离开流通。 （ ）

7. 货币一旦投入流通领域购买了生产资料，即变为资本。 （ ）

8. 工人把劳动出卖给资本家后，再从资本家那里拿到工资。 （ ）

9. 剩余价值是由资本家的全部资本创造出来的。 （ ）

五、辨析题

1. G—W—G'公式告诉我们，只要有 100 万元货币通过商品买卖，就能换到 110 万元货币。

2. 劳动力商品最重要的特点在于它的价值决定包括历史的、道德的因素。

3. 要获得更多的剩余价值，资本家只有延长工人的工作日时间。

4. 在资本主义社会中，工人阶级拥有的唯一资源只剩下自己的劳动了。

5. 价值增殖过程，就是一个价值形成过程之后，再来几个价值形成过程。

6. 剩余价值率表示在工人创造的价值中，资本家和工人各占多少份额。

7. 如果没有生产资料形式存在的不变资本，雇佣工人就不可能生产出剩余价值，所以剩余价值是由资本家的全部资本生产出来的。

8. 个别资本家只要提高企业劳动生产率，便可以获得相对剩余价值。

9. 超额剩余价值本质上也是相对剩余价值。

六、计算题

1. 1936 年，天津某毛纺厂的工人平均日工资为 0.4 元。一个工人每天工作 12 小时，可生产毛线 12 磅，每磅售价 2 元。生产 12 磅毛线需要消耗劳动资料和原材料为 21.6 元。试计算：

（1）一个工人 12 小时创造新价值多少？

（2）创造的剩余价值多少？

（3）剩余价值率是多少？

（4）在一个工作日中，工人的必要劳动时间和剩余劳动时间各是多少？

2. 某工厂原工作日为 10 小时，必要劳动和剩余劳动时间各为 5 小时，若分别采用绝对剩余价值和相对剩余价值两种方法，各增加剩余劳动时间 2.5 小时，它们的剩余价值率分别为多少？

3. 某资本家工厂，雇佣工人 200 人，每人日工资 5 元，日工作时间 10 小时，全厂日消耗生产资料价值 9000 元，制造产品 10000 件，每件产品的社会价值 1.1 元。试计算：

（1）该厂日 m 是多少？m′是多少？

（2）若将工作日延长 1 小时，该厂日 m 是多少？m′是多少？

（3）若工作日长度不变，由于采用新技术使劳动生产率提高 10%，该厂日超额 m 是多少？

七、简答题

1. 为什么说资本主义生产过程是劳动过程和价值增殖过程的统一？

2. 马克思是如何划分不变资本和可变资本的？这种划分的意义何在？

3. 绝对剩余价值生产与相对剩余价值生产的联系与区别是什么？

4. 超额剩余价值与相对剩余价值的联系与区别是什么？

八、论述题

1. 劳动力商品的特殊性是什么？为什么说劳动力成为商品是货币转化为资本的前提？

2. 资本总公式是什么？它存在什么矛盾？这个矛盾又是如何解决的？

3. 试述剩余价值的产生。

4. 试述相对剩余价值生产的实现过程。

5. 如何全面理解资本主义工资？

九、阅读分析题（用所学政治经济学原理对其进行全面分析）

西部农村研究网（http：//www.xbnc.org）2006 年 10 月 23 日转帖了陆福兴的署名文章《谁侵犯了农村打工妹的权益》，文章摘要如下：

资本家侵犯打工妹的劳动权

有关调查显示，侵害农民打工妹权益的现象较普遍，主要表现在如下几个方面：

1. 四期的特殊保护被忽视。打工妹的"特殊时期"有经期、孕期、产期、哺乳期"四期"。虽然国家和地方政府对此都制定了相关的政策法规，但打工妹大多在私营企业或个体企业，有些企业为了自身的利益，故意不认真贯彻落实《妇女权益保障法》和《女职工劳动保护规定》，即使执行，执行情况也是五花八门，甚至少数企业根本不管。据一份调查问卷显示，享受 90 天产假待遇的只占 21%，享受生育保险待遇的占 72.8%，产假期间不发放工资的占 23.8%，怀孕 7 个月以上仍要上夜班或加班加点的占 6.2%，单位组织一年一次妇科检查的占 51%，享受 1 小时加路上来回时间哺乳期待遇的只占 17.6%，经期待遇落实根本成为一句空话。

2. 劳动强度大，加班加点现象严重。一些企业为了追求高额利润，无视 8 小时日工作制的法律规定，加上他们欺负女工文化水平低，就业能力差，大多数非公企业存在随意要求职工加班加点、延长劳动时间的现象。调查问卷显示，打工妹真正享受 8 小时日工作制的仅占 32.4%，44 小时周工作制的仅占 20.2%。而且，在加班工资的给付上，只有 29.4%的少数企业是完全按照劳动法规定发放，大多数企业都是按照劳动定额或工作时间象征性给付，根本就没有公休日或法定节假日的概念。

3. 劳动安全防范差，安全隐患存在多。打工妹一般在劳动密集型企业工作，这些企业规模较小，劳动条件差，劳动场所拥挤，通风、防尘、防毒、消防与安全防护设备很差。高温闷热、空气污染、噪声大等问题十分突出。特别在有毒有害行业中，一些小型非公企业为追求利润的最大化，不考虑或很少考虑女职工的劳动保护，甚至缺乏必要的安全设施，严重损害了女职工及下一代的身心健康。有些得了职业病还不知道是为什么，甚至因此而失去生命。

4. 就业歧视严重。打工妹因为是女性，因此，许多行业的雇主在招工时歧视打工妹，或不招，或不同工同酬。据调查问卷显示，24.2%雇主不和打工妹签订劳动合同，随时都可以解除打工妹，48.4%未将女职工劳动权利、劳动保护内容写入劳动合同，19.6%合同期限为1年以下。同时在招工中存在年龄歧视，倾向于青春期女性，调查问卷显示，25周岁以下女性占48%。劳动合同的签订还存在回避孕期、产期、哺乳期的现象。

5. 社会保险和福利得不到保障。社会保险、福利权是指劳动者享受国家和用人单位提供的福利设施和种种福利待遇，在年老、患病、工伤、失业、生育和丧失劳动能力的情况下获得物质帮助的权利。它是劳动法的一项基本原则，宪法和劳动法对此都作出了详细的规定。但是在实际中，打工妹的社会保险和福利权利普遍没有保障。一些用人单位，特别是个体和私营企业要么不给她们买社会保险，要么为了应付劳动部门的检查，只给少数打工妹投保，而且是避重就轻只买一种保险，回避其他险种。严重侵害了打工妹的社会保障权益。

资料来源：人民网，2005年8月25日。

第四章　资本积累

一、概念题

1. 简单再生产
2. 扩大再生产
3. 资本积累
4. 资本技术构成
5. 资本价值构成
6. 资本有机构成
7. 资本积聚
8. 资本集中
9. 相对过剩人口
10. 绝对贫困化
11. 相对贫困化

二、单项选择题

1. 从经济关系的再生产看资本主义再生产是建立在（　　）。
A. 商品生产基础上的
B. 价值生产基础上的
C. 雇佣劳动基础上的
D. 物质生产基础上的

2. 社会再生产包含两个方面，分别是（　　）。
A. 生产资料再生产和生活资料再生产
B. 生产资料再生产和劳动力再生产
C. 生活资料再生产和劳动力再生产
D. 物质资料再生产和生产关系再生产

3. 社会再生产按规模可分为（　　）。

A. 物质资料再生产和生产关系再生产

B. 简单再生产和扩大再生产

C. 物质资料再生产和劳动力再生产

D. 内涵扩大再生产和外延扩大再生产

4. 资本积累的实质是资本家（　　）。

A. 靠节制自己的消费欲望来扩大再生产

B. 把剩余价值用来扩大生产增加就业

C. 无偿占有工人的剩余价值扩大自己的资本，进一步扩大对工人的剥削

D. 把剩余价值不断用于提高工人的生活水平

5. 通过对资本主义简单再生产的分析可以看出，资本家的全部资本（　　）。

A. 是由工人创造的

B. 是由资本家创造的

C. 并不仅仅是由工人创造的

D. 是由资本家和工人共同创造的

6. 资本主义扩大再生产的重要源泉是（　　）。

A. 剩余价值

B. 可变资本

C. 资本积累

D. 剩余劳动

7. 资本积聚的基础是（　　）。

A. 资本积累

B. 资本集中

C. 资本联合

D. 资本并购

8. 所费资本是指（　　）。

A. 投入生产中的可变资本

B. 投入生产中的不变资本

C. 投入生产中的全部资本

D. 在生产中实际消耗掉的资本

9. 个别资本通过股份制扩大其资本的支配范围属于（　　）。

A. 资本积累

B. 资本积聚

C. 资本集中

D. 资本垄断

10. 资本有机构成是指（　　）。

A. 反映生产资料和劳动力比例关系的资本技术构成

B. 反映不变资本和可变资本比例关系的资本价值构成

C. 以技术构成为基础并反映其变化的资本价值构成

D. 以价值构成为基础并反映其变化的资本技术构成

11. 分析资本有机构成的理论前提是（　　）。

A. 剩余价值是剩余劳动的凝结

B. 资本积累是剩余价值的资本化

C. 资本分为不变资本和可变资本

D. 利润是全部预付资本的产物

12. 资本的价值构成是指（　　）。

A. 技术设备的价值和原材料的价值比例

B. 固定资本和流动资本的比例

C. 不变资本和可变资本的比例

D. 生产要素的价值和生产出来商品的价值比例

13. 资本的技术构成是指在一定生产技术水平下（　　）。

A. 生产资料和劳动力之间的比例

B. 技术装备和原材料之间的比例

C. 固定资本要素和流动资本要素之间的比例

D. 生产要素和生产出来的产品之间的比例

14. 资本集中（　　）。

A. 是通过资本家把剩余价值资本化实现的

B. 是通过把现有分散的单个资本集中合并实现的

C. 会导致社会资本总额的增加

D. 会受到社会财富增长速度的限制

15. 在资本主义积累过程中，资本集中的直接后果是（　　）。

A. 社会资本总量急剧增加

B. 个别资本规模迅速扩大

C. 资本有机构成下降

D. 不变资本比重下降

16. 资本集中（　　）。

A. 既能扩大个别资本，也能增大社会总资本

B. 只能扩大个别资本，不能增大社会总资本

C. 只能提高个别资本有机构成，不能提高社会资本有机构成

D. 只能提高社会资本有机构成，不能提高个别资本有机构成

17. 资本集中借助的两个强有力的杠杆是（　　）。

A. 竞争与技术

B. 信息与管理

C. 竞争与信用

D. 管理与信用

18. 资本积聚和资本集中的区别之一是（　　）。

A. 前者能把分散资本合并为大资本，后者则不能

B. 前者会增大社会资本总量，后者则不会

C. 前者会使个别资本迅速增大，后者则只能缓慢增大

D. 前者需借助竞争和信用，后者则不需要

19. 简单再生产和扩大再生产的关系是（　　）。

A. 简单再生产是扩大再生产的基础和出发点

B. 扩大再生产是简单再生产的基础和出发点

C. 简单再生产包含扩大再生产

D. 扩大再生产是简单再生产的前提

20. 资本有机构成提高的前提是（   ）。

A. 社会资本普遍增大

B. 个别资本增大

C. 剩余价值率提高

D. 剩余价值率降低

21. 资本主义再生产的特点是（   ）。

A. 进行资本积累的简单再生产

B. 不进行资本积累的简单再生产

C. 进行资本积累的扩大再生产

D. 不进行资本积累的扩大再生产

22. 相对过剩人口是指（   ）。

A. 人口增长快于生产增长

B. 生产资料增长赶不上人口增长

C. 劳动力的供应超过了资本对它的需要

D. 劳动力就业量日益减少

23. 产生相对过剩人口的直接原因是（   ）。

A. 资本有机构成的提高

B. 劳动力供给的增加

C. 资本集中

D. 资本积聚

24. 资本对劳动力的需求取决于（   ）。

A. 总资本的大小

B. 不变资本的大小

C. 可变资本的大小

D. 生产规模的大小

25. 某资本主义工厂工作日为 8 小时，其中必要劳动时间和剩余劳动时间各 4 小时，月工资总额为 5 万元，则该厂资本家每月获剩余价值为（　　）。

A. 5 万元

B. 10 万元

C. 30 万元

D. 60 万元

三、多项选择题

1. 通过对社会简单再生产过程的分析可以看到（　　）。

A. 物质资料生产和再生产是人类存在和发展的基础

B. 物质资料再生产是资本主义再生产的手段

C. 物质资料再生产是社会主义再生产的手段

D. 再生产是物质资料、资本价值和经济关系再生产的统一

E. 可变资本和不变资本都是工人创造的

2. 通过对资本主义简单再生产的分析，可以使我们看到从一个孤立的生产过程看不到的一些内容，进一步暴露出资本主义剥削实质。这些内容是（　　）。

A. 剩余价值是工人在剩余劳动时间里创造的

B. 可变资本是工人创造的价值的一部分

C. 全部资本都是工人的劳动创造的

D. 工人的个人消费不过是为资本家再生产劳动力

E. 资本主义再生产过程，不仅是产品的再生产过程，还是资本主义生产关系的再生产过程

3. 从资本主义扩大再生产的分析可以看出（　　）。

A. 资本家用于扩大再生产的追加资本是工人创造的

B. 资本家利用追加的资本扩大对工人的剥削

C. 劳动力买卖的实质是资本家用不等价物来占有工人劳动的一部分，来换取更大量的活劳动

D. 资本积累的实质

E. 资本原始积累的实质

4. 社会劳动生产率提高影响资本积累规模扩大的原因是（　　）。

A. 降低劳动力价值，增加相对剩余价值

B. 降低生产资料价值，使同量资本可以购买更多的生产资料扩大生产规模

C. 降低消费资料价值，使资本家可以减少消费基金，扩大积累基金

D. 使用效率更高、价格更低的生产资料获取更多的超额剩余价值和相对剩余价值

E. 在增加使用价值量的同时，增加单位商品的价值量和剩余价值量

5. 影响或决定资本积累量的基本因素有（　　）。

A. 剩余价值分割为积累基金和消费基金的比例

B. 对劳动力的剥削程度

C. 社会劳动生产率水平

D. 所使用的资本和所耗费的资本之间的差额

E. 预付资本量的大小

6. 资本积累是（　　）。

A. 剩余价值的资本化

B. 资本价值的再生产

C. 劳动力的再生产

D. 扩大再生产的源泉

E. 生产关系的再生产

7. 资本家进行资本积累的原因在于（　　）。

A. 追求更多的剩余价值

B. 更好地满足社会需要

C. 避免在竞争中被淘汰

D. 降低资本的有机构成

E. 给失业工人提供再就业的机会

8. 资本积累数量的变化与（　　）。

A. 对劳动力的剥削程度同方向变化

B. 社会劳动生产率水平同方向变化

C. 社会劳动生产率水平反方向变化

D. 所用资本和所费资本之间的差额反方向变化

E. 预付资本量同方向变化

9. 分析资本积累和资本主义扩大再生产可以看出 （ ）。

A. 资本家用于扩大再生产的追加资本是靠自己的劳动积累起来的

B. 资本家用于扩大再生产的追加资本是直接由剩余价值转化来的

C. 资本家的追加资本不仅是剥削工人的结果而且是进一步扩大剥削的手段

D. 劳动力的买卖不论形式还是内容完全是平等的

E. 劳动力的买卖形式掩盖了资本家对工人的剥削

10. 资本的价值构成是指 （ ）。

A. 从物质形态考察的资本构成

B. 从价值形态考察的资本构成

C. 用生产资料和劳动力比例关系表现的资本构成

D. 用不变资本和可变资本比例关系表现的资本构成

E. 由资本技术构成变化决定的资本构成

11. 资本的技术构成是指 （ ）。

A. 从物质形态考察的资本构成

B. 反映生产和技术水平的资本构成

C. 用生产资料和劳动力比例关系表现的资本构成

D. 从价值形态考察的资本构成

E. 由资本价值构成变化决定的资本构成

12. 在剩余价值率和劳动力价值一定的情况下，资本有机构成越低的企业 （ ）。

A. 同量资本中可变资本的比重就越小

B. 同量资本中可变资本的比重就越大

C. 使用的劳动力就越多

D. 使用的劳动力就越少

E. 所获得的剩余价值就越多

13. 资本有机构成提高表现在全部资本中（　　）。
A. 不变资本所占比重偏小
B. 不变资本的绝对减少
C. 可变资本所占比重偏小
D. 可变资本所占比重增大
E. 不变资本所占比重增大

14. 在资本积累过程中，资本有机构成提高必然导致（　　）。
A. 随着社会总资本的增长，可变资本数量绝对减少
B. 随着社会总资本的增长，可变资本所占比重相对减少
C. 资本对劳动力的需求在有些部门绝对减少
D. 资本对劳动力的需求减少和劳动力对资本的供给增加
E. 相对过剩人口产生

15. 资本集中（　　）。
A. 是分散资本的合并
B. 能增大个别资本
C. 能增大社会资本
D. 能促进资本积聚
E. 使资本所有权发生变化

16. 加速资本集中最强有力的经济杠杆是（　　）。
A. 竞争
B. 垄断
C. 信用的发展
D. 资本积累
E. 资本积聚

17. 资本积聚（　　）。
A. 是靠剩余价值资本化实现的
B. 是靠把分散的单个资本合并实现的
C. 是借助竞争和信用两个杠杆实现的
D. 会增大社会总资本

E. 要受社会财富增长的限制

18. 资本积聚和资本集中的联系和区别是（ ）。

A. 都是个别资本增长的途径

B. 资本积聚增大社会资本总量，资本集中不增加社会资本总量

C. 资本积聚和资本集中都增加社会资本总量

D. 资本集中较快，资本积聚较慢

E. 资本积聚受社会财富增长的限制，资本集中不受社会财富增长的限制

19. 资本积累、积聚和集中的相互关系是（ ）。

A. 资本集中是资本积累的直接结果

B. 资本集中是资本积聚的重要条件

C. 资本积累的增长有利于资本的集中

D. 资本迅速集中会加快资本的积聚

E. 资本积聚和集中是资本积累的重要源泉

20. 在市场经济条件下，企业的联合、兼并和规模扩张，作为资本和生产集中的形式，从根本上说，应该是（ ）。

A. 市场行为

B. 企业行为

C. 政府责任

D. 市场竞争、优胜劣汰的结果

E. 使资本所有权发生变化

21. 资本主义条件下相对过剩人口是（ ）。

A. 人口繁殖过多造成的

B. 生产资料不足造成的

C. 资本主义积累的必然结果

D. 消费资料不足造成的

E. 资本主义生产方式存在和发展的必要条件

22. 相对人口过剩（ ）。

A. 是劳动力的供给超过了资本对它的需要

B. 是资本主义经济中特有的现象

C. 即失业，在社会主义市场经济条件下依然存在

D. 是产业结构不断调整和优化的结果

E. 是现代科学技术提高和市场竞争的产物

23. 相对过剩人口的形式有（　　）。

A. 流动的过剩人口

B. 潜在的过剩人口

C. 固定的过剩人口

D. 现实的过剩人口

E. 停滞的过剩人口

24. 无产阶级的相对贫困化（　　）。

A. 是指无产阶级所得的收入在社会总收入中所占的比重下降

B. 是指无产阶级所得的收入相对于实际能买到的生活必需品而言

C. 是指生活状况日益恶化

D. 与无产阶级生活状况的改善无关

E. 是指与财富的增大程度相比较无产阶级比过去更穷了

25. 资本积累的一般规律是（　　）。

A. 随着资本积累的发展，生产规模越来越大

B. 社会财富随资本积累急剧增加

C. 财富的增加使劳动者消灭了相对贫困

D. 大量财富日益集中在少数资本家手中

E. 广大劳动者处于相对或绝对贫困之中

四、判断题

1. 物质资料生产和再生产不仅是人类社会存在和发展的基础，而且是社会再生产的手段。　　　　　　　　　　　　　　　　　　　　　　　（　　）

2. 资本积累是投资者把全部资本集中起来，追加投入生产过程，使生产在扩大的规模上进行。　　　　　　　　　　　　　　　　　　　　　（　　）

3. 资本积累的实质是用无偿占有工人创造的剩余价值，不断增大资本，扩大对工人的剥削，以继续榨取更多的剩余价值。　　　　　　　　　（　　）

4. 资本积累的一般规律是剥夺者被剥夺。 （ ）

5. 资本的技术构成是指不变资本和可变资本的比例，通常用 C：V 表示。

（ ）

6. 相对过剩人口不仅是资本积累的必然结果，而且是资本主义生产方式存在和发展的必要条件。 （ ）

7. 个别资本的增大只有资本集中这一条途径。 （ ）

8. 在社会主义市场经济条件下，相对人口过剩规律不会发生作用。 （ ）

9. 资本有机构成的提高，意味着单位劳动力所推动的生产资料的量相对减少和劳动生产率的下降。 （ ）

10. 由资本价值构成决定，并反映资本技术构成变化的资本价值构成是资本有机构成。 （ ）

五、辨析题

1. 工人用工资购买生活资料进行个人消费与资本主义生产过程无关。

2. 资本技术构成和资本价值构成的变化始终是完全一致的。

3. 资本积累必然带来资本有机构成的不断提高。

4. 资本积累是资本家节俭的结果。

5. 随着资本有机构成的提高，利润率有下降趋势，所以，资本家提高资本有机构成，对他是不利的。

6. 企业兼并实现了资本的积聚，增大了社会资本总额。

六、计算题

1. 某企业原预付资本总额为 10 万美元，有机构成（c：v）为 9：1，工人平均周工资为 50 美元。这周按 19：1 追加资本 4 万美元；原来资本进行更新使资本有机构成提高为 19：1。

试计算：该企业这周是增加了就业人口还是减少了就业人口？造成工人失业的数量是多少？

2. 某资本家企业原预付资本为 800 万美元，资本有机构成为 4：1，工人月平均工资为 500 美元。本月按 20：1 的资本有机构成追加资本 42 万美元，同时还对原预付资本 420 万美元按 20：1 的比例进行技术改造，其余部分有机构成不变。请计算：该企业增加或是减少了多少工人？

七、简答题

1. 从分析资本主义简单再生产可以看出资本主义生产关系的哪些特点？
2. 论述资本积累的客观必然性。
3. 资本积聚和资本集中的关系如何？
4. 试说明资本技术构成、价值构成和有机构成的相互关系。
5. 资本积累的一般规律和资本主义积累的历史趋势是什么？

八、论述题

1. 马克思是怎样通过分析资本主义简单再生产来说明资本主义生产关系再生产的？
2. 为什么说相对过剩人口是资本积累的必然产物，又是资本主义生产方式存在和发展的必要条件？

九、阅读分析题（用所学政治经济学原理对其进行全面分析）

吉利成功竞购沃尔沃

吉利汽车于 2010 年 3 月 28 日在瑞典与福特正式签约，以 18 亿美元收购其旗下的瑞典沃尔沃轿车 100%的股权，从而使这场备受关注的"异国恋"修成正果。

这项交易具有重要意义，它将使吉利摆脱低端品牌形象，借助沃尔沃多年沉淀的技术体系与"最安全车"的品牌形象，完成其全面战略转型。对于飞速增长的中国汽车行业来说，这项交易也具有里程碑的意义。此前，只有国内汽车业的龙头老大——上汽收购韩国的双龙，但最后还是以失败告终。

以世俗的眼光看来，这是一次不对称的收购。吉利不过是一家历史刚 20 年、造车才 15 年、以生产低端汽车为主的企业，而沃尔沃却有着 80 年的历史，净资产超过 15 亿美元、品牌价值接近百亿美元，拥有高素质研发人才队伍，年生产能力接近 60 万辆。此前，国内一位出身汽车行业的退休专家就放言，中国还没有诞生出能收购沃尔沃的汽车企业。

　　客观而言，此次吉利成功竞购沃尔沃，有金融危机对福特所造成的重创以及其他竞争的因素。但是，这并非说明吉利是出于运气。事实上，吉利收购沃尔沃，并非一时兴起，早在七八年前，李书福就一直谋划着海外并购。在此期间，吉利还收购了英国的一些汽车品牌。

　　在中国的汽车市场上，从来都是跨国汽车巨头在讲着"并购或合资的故事"，如今故事轮到吉利来讲了，确实给人一种世易时移的感觉。为什么讲故事的不是国内那些比吉利——无论就实力还是技术而言——都要强得多的车企呢？因为最近几年，特别是金融危机以来，中国的一些企业尤其是国字号的垄断企业，纷纷加快了拓展海外市场的步伐，大手笔收购国外的同类公司。然而，遗憾的是，除少数成功外，多数都"铩羽而归"。虽然跨国并购失败的案例中外比比皆是，虽然国企的官方背景也很容易引起一些国家的警惕从而导致失败，但不能不提到的一个根本因素是，多数垄断国企并没有经过残酷的市场化锤炼，却用在国内行政垄断环境中培养出来的虚假竞争力去参与海外并购，因此，其失败的风险自然大于成功的概率。

　　相比国企在股权结构、管理模式、经营理念、企业环境等方面存在的缺陷，及其人才、管理、技术、产品、服务等基本要素储备的不足，对海外并购多少会产生的不利影响，吉利无疑要优秀得多。这从吉利的发展史可见一斑。最初做摩托车的吉利在汽车领域的崛起本身就是一个奇迹。1997 年正式进入汽车领域后，没有合资企业在金融和财税方面享受的各种优惠政策，同时还得顶着同行的"奚落"、"嘲笑"甚至"打压"，但吉利却在 10 多年时间里，取得了快速而长足的进步。2009 年吉利的业绩表明，虽然产量还远落后于上汽等国有企业，但其创造的利润已经超过上汽，稳居国内汽车企业首位。吉利在汽车行业的竞争力说明，它比国企拥有更灵活多变的市场策略，以及符合市场竞争需要的公司治理结构；也比跨国汽车巨头更能对广大用户群的需求和利益做出判断。这就是吉利的竞争优势，也是其他民营车企的竞争优势。

　　当然，对吉利来说，成功竞购沃尔沃只是第一步，关键还在于如何去消化它。毕竟沃尔沃的历史、文化、管理、环境和技术都与吉利有别，如果吉利消化不了沃尔沃，重演中国企业并购外企失败的悲剧，不仅对吉利将是一个巨大的挫折，对中国的汽车业也会产生很负面的影响。另外，吉利的成功并购也提醒有关部门，应该在审批上和融资上对民企的"走出去"提供大力支持，因为今后的海外并购可能主要依赖有实力的民企。

资料来源：邓聿文.为什么是吉利成功竞购沃尔沃.中国青年报，2010-03-21.

第五章　个别资本的循环与周转

一、概念题

1. 产业资本
2. 资本循环
3. 资本周转
4. 资本周转时间
5. 资本周转次数
6. 货币资本
7. 生产资本
8. 商品资本
9. 固定资本
10. 固定资本更新
11. 流动资本
12. 有形磨损
13. 无形磨损
14. 折旧
15. 预付资本的总周转
16. 年剩余价值
17. 年剩余价值率

二、单项选择题

1. 产业资本在其循环过程中采取的三种职能形式是（　　）。

A. 货币资本、生产资本、商品资本

B. 固定资本、流动资本、生产资本

C. 商品资本、商业资本、借贷资本

D. 不变资本、可变资本、生产资本

2. 产业资本循环中属于流通领域的阶段是（　　）。

A. 购买阶段和生产阶段

B. 生产阶段和销售阶段

C. 销售阶段和消费阶段

D. 购买阶段和销售阶段

3. 购买阶段是资本循环的特定阶段，因为（　　）。

A. 购买了商品

B. 使劳动过程得以开始

C. 购买了资本主义生产的物质要素

D. 生产资料和劳动力是按一定的比例购买

4. 在产业资本循环中实现剩余价值的阶段是（　　）。

A. 购买阶段

B. 销售阶段

C. 萧条阶段

D. 生产阶段

5. 产业资本循环的决定性阶段是（　　）。

A. 生产阶段

B. 购买阶段

C. 销售阶段

D. 生产阶段和销售阶段

6. 在产业资本循环的生产阶段，资本的形态变化是由（　　）。

A. 货币资本变为生产资本

B. 生产资本变为商品资本

C. 商品资本变为货币资本

D. 生产资本变为货币资本

7. 在产业资本循环的第一阶段（　　）。

A. 货币资本转化为商品资本

B. 货币资本转化为生产资本

C. 生产资本转化为商品资本

D. 商品资本转化为货币资本

8. 产业资本循环的第二阶段是（　　）。

A. 货币资本转化为生产资本的阶段

B. 生产资本转化为商品资本的阶段

C. 生产资本转化为商业资本的阶段

D. 商品资本转化为货币资本的阶段

9. 经过产业资本循环的第三阶段（　　）。

A. 货币资本变成商品资本

B. 货币资本变成生产资本

C. 生产资本变成商品资本

D. 商品资本变成货币资本

10. 商品资本的职能是（　　）。

A. 生产剩余价值

B. 实现剩余价值

C. 为剩余价值生产准备条件

D. 为剩余价值实现准备条件

11. 通过对资本流通公式的分析可以看出，剩余价值只可能发生在（　　）。

A. $G—W$ 阶段的货币上

B. $W—G'$ 阶段所销售的商品上

C. $W—G'$ 阶段销售商品所得到的货币上

D. $G—W$ 阶段购买的商品上

12. 产业资本循环中生产剩余价值的阶段是（　　）。

A. 购买阶段

B. 生产阶段

C. 销售阶段

D. 流通阶段

13. 公式 W′—G′·G—W…P…W′表示的是 （   ）。

A. 货币资本的循环

B. 生产资本的循环

C. 商品资本的循环

D. 商业资本的循环

14. P…W′— G′·G—W…P 表示的是 （   ）。

A. 商业资本的循环

B. 货币资本的循环

C. 生产资本的循环

D. 商品资本的循环

15. 商品资本循环的起点和终点是 （   ）。

A. W

B. G

C. W′

D. G′

16. 生产资本的循环公式是 （   ）。

A. G—W…P…W′—G′

B. W…P…W′—G′·G—W

C. P…W′—G′·G—W…P

D. W′—G′·G′—W…P…W′

17. 产业资本循环作为三种循环形式的统一是指 （   ）。

A. 不变资本循环、可变资本循环、流动资本循环的统一

B. 固定资本循环、流动资本循环、不变资本循环的统一

C. 货币资本循环、生产资本循环、商品资本循环的统一

D. 可变资本循环、流动资本循环、固定资本循环的统一

18. 产业资本的循环过程是 （   ）。

A. 流通过程和生产过程的统一

B. 购买过程和生产过程的统一

C. 销售过程和生产过程的统一

D. 购买过程和销售过程的统一

19. 假定某资本家有 10 万元资本，应做下列哪种安排才能保证生产的连续性（　　）？

A. 10 万元资本全部以货币资本形式存在

B. 10 万元资本全部以生产资本形式存在

C. 10 万元资本全部以商品资本形式存在

D. 10 万元资本按一定比例同时并存在三种职能形式上

20. 按资本价值的周转方式不同，资本可以划分为（　　）。

A. 可变资本和不变资本

B. 固定资本和流动资本

C. 生产资本和流通资本

D. 产业资本和商业资本

21. 固定资本与流动资本的区分依据是（　　）。

A. 价值周转方式的不同

B. 价值存在的物质形态的不同

C. 在剩余价值生产中的作用不同

D. 在产业资本循环中的职能不同

22. 划分固定资本与流动资本的目的在于揭示（　　）。

A. 剩余价值的真正源泉

B. 资本主义剥削的秘密

C. 生产资本的不同部分对资本周转速度从而对剩余价值生产的影响

D. 资本家对工人的剥削程度

23. 固定资本更新是指（　　）。

A. 所有生产资料的更新

B. 厂房、机器、设备的更新

C. 原料、燃料、辅助材料的更新

D. 劳动力的更新

24. 固定资本补偿的特点是（ ）。

A. 价值补偿和实物补偿都逐步进行

B. 价值补偿和实物补偿都一次进行

C. 价值补偿一次进行，实物补偿逐步进行

D. 价值补偿逐步进行，实物补偿一次进行

25. 固定资本和流动资本是对（ ）的构成的划分。

A. 货币资本

B. 商品资本

C. 产业资本

D. 生产资本

26. 资本的不同部分按其在价值增殖过程中的作用不同，可分为（ ）。

A. 固定资本和流动资本

B. 不变资本和可变资本

C. 生产资本和流通资本

D. 生产资本和商品资本

27. 同时具有无形损耗和有形损耗的资本形态是（ ）。

A. 流动资本

B. 流通资本

C. 固定资本

D. 商品资本

28. 由于使用和自然力作用而造成的固定资本损耗称为（ ）。

A. 无形磨损

B. 有形磨损

C. 精神磨损

D. 自然磨损

29. 固定资本无形磨损是由（ ）。

A. 自然力对机器设备腐蚀造成的

B. 人为破坏机器设备造成的

C. 机器设备贬值造成的

D. 机器设备使用过程中磨损造成的

30. 资本周转的速度（　　）。

A. 与周转时间成正比，与周转次数成反比

B. 与周转时间成正比，与周转次数成正比

C. 与周转时间成反比，与周转次数成正比

D. 与周转时间成反比，与周转次数成反比

31. 资本周转时间包括（　　）。

A. 劳动时间和停工时间

B. 生产时间和流通时间

C. 销售时间和购买时间

D. 生产时间和消费时间

32. 在资本的生产时间中，生产剩余价值的时间是（　　）。

A. 生产资料的储备时间

B. 劳动时间

C. 劳动对象受自然力独立作用的时间

D. 劳动时间和劳动对象受自然力独立作用的时间

33. 考察资本周转，重点在于分析（　　）。

A. 资本周转的速度及其对剩余价值生产的影响

B. 资本运动的连续性

C. 资本循环所经历的阶段和资本形式的变化

D. 资本运动的间断性

34. 在以下列形式存在的资本中，既属于流动资本又属于可变资本的是（　　）。

A. 原料

B. 燃料

C. 辅助材料

D. 劳动力

35. 预付资本的总周转速度是指一定时期（一年）内（ 　 ）。

A. 全部预付不变资本和可变资本的周转速度

B. 部分预付固定资本和全部流动资本的周转速度

C. 预付资本各组成部分的平均周转速度

D. 部分预付流动资本和全部固定资本的周转速度

36. 加快资本周转速度可以减少固定资本的（ 　 ）。

A. 有形磨损

B. 无形磨损

C. 人为损耗

D. 自然力作用造成的损耗

37. 在考察资本的价值周转方式中，火力发电厂里的煤炭是（ 　 ）。

A. 固定资本

B. 流动资本

C. 不变资本

D. 可变资本

38. 加快资本周转速度（ 　 ）。

A. 会导致预付可变资本增加

B. 会导致预付总资本增加

C. 可以提高年剩余价值率

D. 可以提高剩余价值率

39. 若年剩余价值率等于剩余价值率，则表明可变资本年周转次数（ 　 ）。

A. 大于 1

B. 等于 1

C. 小于 1

D. 等于零

40. 年剩余价值率表示（ 　 ）。

A. 预付固定资本的增殖程度

B. 预付不变资本的增殖程度

C. 预付流动资本的增殖程度

D. 预付可变资本的增殖程度

41. 加快资本周转之所以能增加年剩余价值量，根本的原因是（　　）。

A. 预付资本数量增加了

B. 实际发挥作用的可变资本增加了

C. 流通对生产的反作用

D. 剩余价值率提高了

42. 表示一年里预付可变资本增殖程度的是（　　）。

A. 剩余价值率

B. 利润率

C. 年剩余价值率

D. 年利润率

43. 一个企业投资 25 万元购置机器，其使用期为 5 年，50 万元购置厂房，其使用期为 20 年，5 万元购置工具，其使用期为 5 年，10 万元用于购买原材料，10 万元用于支付工资，已知其流动资本一年可周转 5 次，不考虑固定资本的精神（无形）磨损，这个企业的预付资本一年中的总周转次数为（　　）。

A. 3.807 次

B. 1 次

C. 1.085 次

D. 0.125 次

44. 某资本家企业的预付资本是 100 万元，资本有机构成 c∶v=9∶1，剩余价值率是 100%，可变资本一年周转 4 次，年利润率为（　　）。

A. 20%

B. 40%

C. 60%

D. 100%

45. 某资本家预付不变资本 900 万元，可变资本 100 万元，剩余价值率为

100%，其中可变资本每年周转 2.5 次，其年利润率为（   ）。

　　A. 10%

　　B. 20%

　　C. 15%

　　D. 25%

46. 某企业的一台机器价值 10 万元，其使用年限为 5 年，每年该机器生产的产品为 1 万件，不考虑无形磨损，该机器生产的每件产品中所包含的机器折旧费是（   ）。

　　A. 20 元

　　B. 10 元

　　C. 2 元

　　D. 1 元

三、多项选择题

1. 产业资本循环采取的资本职能形式有（   ）。

A. 货币资本

B. 固定资本

C. 生产资本

D. 流动资本

E. 商品资本

2. 资本按（   ）。

A. 循环的职能形式不同分为货币资本、生产资本、商品资本

B. 在价值增殖过程中的不同作用分为固定资本和流动资本

C. 在价值增殖过程中的周转方式不同分为固定资本和流动资本

D. 在价值增殖过程中的周转方式不同分为不变资本和可变资本

E. 在价值增殖过程中的不同作用分为不变资本和可变资本

3. 生产资本的职能是（   ）。

A. 购买劳动力和生产资料

B. 使劳动力和生产资料以资本主义的方式结合

C. 在生产过程中生产出包含剩余价值的商品

D. 在市场上销售商品

E. 实现包含在商品中的价值和剩余价值

4. 货币资本是（　　）。

A. 以货币形式存在的资本

B. 产业资本循环的第一个职能形式

C. 生产资本的组成部分

D. 用来购买劳动力和生产资料为资本生产过程作准备的资本

E. 在生产过程中生产剩余价值的资本

5. 产业资本的现实循环包括（　　）。

A. 货币资本循环

B. 流动资本循环

C. 生产资本循环

D. 固定资本循环

E. 商品资本循环

6. 产业资本循环（　　）。

A. 是流通过程和生产过程的统一

B. 是购买、生产、销售三个阶段的统一

C. 三种循环形式的统一

D. 三种职能形式的并存性与继起性的统一

E. 生产过程和消费过程的统一

7. 分析产业资本循环的意义在于说明（　　）。

A. 剩余价值是如何产生的

B. 资本不是静止物，而是无止境的价值增殖运动

C. 产业资本循环过程要经过三个阶段、采取三种职能形式

D. 产业资本循环不仅是生产过程和流通过程的统一，而且是三种循环形式的统一

E. 产业资本正常循环的条件

8. 产业资本实现连续不断循环的条件是产业资本三种职能形式（　　）。

A. 在空间上有并存性

B. 在空间上有替代性

C. 在时间上有继起性

D. 在时间上有间歇性

E. 在空间上有运动性

9. 在产业资本循环中处于流通领域的资本包括（　　）。

A. 固定资本

B. 流动资本

C. 商品资本

D. 货币资本

E. 生产资本

10. 原材料、燃料、辅助材料属于（　　）。

A. 固定资本

B. 可变资本

C. 生产资本

D. 不变资本

E. 流动资本

11. 下列生产要素中属于固定资本的有（　　）。

A. 运货汽车

B. 电

C. 厂房

D. 煤炭

E. 机器

12. 从资本的不同分类来看，以劳动资料形式存在的资本属于（　　）。

A. 不变资本

B. 可变资本

C. 固定资本

D. 流动资本

E. 生产资本

13. 在资本家的纺织厂中，棉花是 （   ）。

A. 劳动对象

B. 生产资料

C. 可变资本的物质形式

D. 不变资本的物质形式

E. 流动资本的物质形式

14. 资本家用来购买劳动力的那一部分资本属于 （   ）。

A. 不变资本

B. 可变资本

C. 流动资本

D. 固定资本

E. 生产资本

15. 资本的生产时间包括 （   ）。

A. 劳动时间

B. 自然力独立发挥作用的时间

C. 停工维修时间

D. 生产资料储备时间

E. 生产资料供应时间

16. 资本流通时间是指 （   ）。

A. 资本停留在流通领域内的时间

B. 购置生产资料、劳动力和出售商品的时间的总和

C. 资本周转时间减去劳动时间的那一部分时间

D. 资本停留在生产领域内的时间

E. 保证再生产正常进行所必需的原材料储备时间

17. 固定资本是 （   ）。

A. 以劳动资料形式存在的资本

B. 按照在使用过程中的磨损程度其价值逐步转移到新产品中去的资本

C. 经过多次生产过程才实现其价值全部周转的资本

D. 在流通过程中发挥作用的资本

E. 以原材料形式存在的资本

18. 固定资本发生精神损耗（无形损耗）的原因有（   ）。
 A. 机器设备在生产使用过程产生磨损
 B. 新的、效率更高的机器设备的出现
 C. 机器设备因自然力作用形成损耗
 D. 同类机器设备生产成本降低
 E. 机器设备使用不当造成损失

19. 固定资本正常的有形磨损包括（   ）。
 A. 生产过程中的使用造成的磨损
 B. 自然力作用造成的磨损
 C. 科技进步使原有设备提前报废
 D. 劳动生产率提高造成原有设备贬值
 E. 意外事故造成设备的损失

20. 从资本的物质形态看（   ）。
 A. 固定资本是不变资本的一部分
 B. 不变资本是固定资本的一部分
 C. 可变资本是流动资本的一部分
 D. 流动资本包括可变资本和一部分不变资本
 E. 不变资本包括固定资本和一部分流动资本

21. 在资本主义生产和再生产过程中，影响年剩余价值量的主要因素有（   ）。
 A. 不变资本数量
 B. 可变资本数量
 C. 不变资本周转速度
 D. 可变资本周转速度
 E. 剩余价值率的高低

22. 预付资本的总周转速度受到生产资本构成的影响，这种影响来自（   ）。
 A. 生产资本中固定资本所占的比重

B. 生产资本中流动资本所占的比重

C. 固定资本各组成部分的周转速度

D. 流动资本的周转速度

E. 预付资本的数量

23. 资本家减少非劳动时间以加快资本周转的主要途径包括 （　　）。

A. 尽量减少不必要的生产性库存

B. 尽可能缩短劳动对象受自然力作用的时间

C. 尽量减少停工时间，提高劳动资料的利用率

D. 尽量缩短商品的销售时间

E. 尽量缩短商品的运输时间

24. 企业筹集资本的主要途径是 （　　）。

A. 通过企业的自有资本来筹集

B. 通过企业直接向社会发行债券来筹集

C. 通过企业以发行股票的方式来筹集

D. 通过国家投资企业资本的方式来筹集

E. 通过补偿贸易和出口信贷等形式来筹集

25. 影响资本周转速度的因素有 （　　）。

A. 生产时间的长短

B. 流通时间的长短

C. 固定资本和流动资本的比例

D. 流动资本周转速度

E. 固定资本的周转速度

26. 当前电子商务的发展，对加快资本周转速度起着重要作用，体现在缩短 （　　）。

A. 资本由货币资本转化为生产资本的时间

B. 资本由商品资本转化为货币资本的时间

C. 原材料储备时间

D. 劳动者加工劳动对象的时间

E. 生产过程中自然力作用于劳动对象的时间

27. 提高资本周转速度给资本所有者带来的好处有 （　　）。

A. 提高剩余价值率

B. 增加年剩余价值量

C. 节省预付资本

D. 减少固定资本有形损耗

E. 减少固定资本无形损耗

28. 加快资本周转速度，可以 （　　）。

A. 增加实际发挥作用的可变资本

B. 增加预付的可变资本

C. 增加年剩余价值量

D. 提高年剩余价值率

E. 提高剩余价值率

四、判断题

1. 产业资本的循环是生产过程和流通过程的统一。　　　　　　（　）

2. 狭义流通时间是由资本的生产时间和资本的流通时间所组成。（　）

3. 缩短生产时间中的非劳动时间和资本停留在流通领域的时间，能提高资本的生产效率。　　　　　　　　　　　　　　　　　　　　　　（　）

4. 现代企业往往采取"快速折旧"法以避免精神磨损的损失，因此，折旧率定得越高越好。　　　　　　　　　　　　　　　　　　　　　　（　）

5. 预付资本总周转速度与固定资本的比重成正比，与流动资本的比重成反比。　　　　　　　　　　　　　　　　　　　　　　　　　　　　（　）

6. 生产资本的不同组成部分的周转时间大致上是相同的。　　（　）

7. 资本周转速度与周转次数成反比，与周转时间成正比。　　（　）

8. 流动资本就是处在流通领域中的资本。　　　　　　　　　（　）

9. 固定资本的周转速度与固定资本的磨损程度成反比。　　　（　）

10. 固定资本的无形损耗是指其价值的贬值。　　　　　　　　（　）

11. 生产资本的不同组成部分的周转时间大致上是相同的。　　（　）

12. 固定资本损耗仅指由于在生产过程中的使用引起的。　　　（　）

13. W′—G′是预付资本价值和剩余价值的实现过程。　　　　　（　）

五、辨析题

1. 加快资本周转可以带来更多的剩余价值，但这并不表明流通过程可以产生剩余价值。

2. 资本周转越快，表明资本家预付的可变资本越多，因此获得的年剩余价值量越多，年剩余价值率就越高。

3. 固定资本的周转速度是和固定资本的磨损程度成正比的。

六、计算题

1. 某企业预付总资本为 1500 万元，其中厂房 800 万元，平均使用 40 年，机器设备 350 万元，折旧率为 10%，其他生产工具 50 万元，平均使用 10 年，预付工人工资 100 万元，流动资本每年周转 5 次，年剩余价值率 800%，试计算：

（1）该企业固定资本和流动资本各是多少？

（2）预付资本总周转次数是多少？

（3）该企业年产品价值总额是多少？

（4）企业资本有机构成是多少？

2. 假定某一资本的剩余价值率为 100%，该资本 4 年周转一次，试问该资本的年剩余价值率为多少？

3. 甲、乙两个资本主义企业，预付总资本均为 100 万元，甲企业固定资本为总资本的 80%，使用寿命为 10 年；乙企业固定资本为总资本的 40%，使用寿命为 5 年；甲企业流动资本年周转 10 次，乙企业流动资本年周转 15 次，资本有机构成为 9∶1，剩余价值率为 100%。试计算：

（1）两企业的年剩余价值量各为多少？

（2）年剩余价值率各为多少？

（3）预付资本总周转次数各为多少？

4. 某企业年产 10000 件商品。固定资本额为 10 万元，使用年限为 10 年，投入流动资本额为 5 万元，周转时间为 3 个月。雇佣工人 200 人，月平均工资 30 元，每件商品的社会价值为 30 元。试计算：

（1）m' 是多少？

（2）年预付资本的周转速度是多少次？

（3）M' 是多少？

5. 某企业有流动资本 400 万元（其中工资 100 万元），每 3 个月周转一次，该企业资本有机构成为 9：1，固定资本平均每 10 年周转一次，企业全年产品总值为 2860 万元。请计算该企业的资本周转速度、剩余价值率、年剩余价值率。

6. 某企业预付资本 1000 万元，企业资本有机构成为 8：2，预付不变资本中用于购买劳动资料部分为 600 万元，固定资本平均 10 年周转一次，流动资本每年周转 4 次，剩余价值率为 150%，试计算该企业的资本总周转速度、年产品总值、年剩余价值率。

七、简答题

1. 资本循环连续进行需要什么条件？
2. 资本周转时间和资本周转次数有何关系？
3. 固定资本和流动资本与不变资本和可变资本两种划分有什么区别？
4. 影响资本周转的因素有哪些？

八、论述题

1. 资本周转速度对剩余价值生产有何影响？
2. 试述马克思的资本循环理论及其对社会主义企业生产经营的指导意义。
3. 试述产业资本循环连续进行的条件及其对企业资本运动的意义。

九、阅读分析题（用所学政治经济学原理对其进行全面分析）

现代物流产业的发展，将加快资本周转，使有形货币在流通中产生更多的无形货币。落后的物流和巨大的库存占压资金，使我国从整体上看资本周转极其缓慢。据中国社会科学院《我国企业资本周转缓慢的状况及"十五"期间改善流通环境的建议》课题研究显示，近年来我国国有工业企业流动资本总量和增长幅度在上升，而资本周转速度却在下降。1999 年比 1992 年工业流动资本占用增加了 207%，而资本周转速度只相当 1992 年的 72.7%，下降了 27.3%。1999 年国有工业企业流动资本占用为 3 万多亿元，如果这一年年资本周转速度与 1992 年相同，那么就意味着有 8443.6 亿元是由于资本效率和周转速度下降白白蒙受的隐形经济损失。1999 年我国国有独立核算工业企业流动资本占用为 31042.81 亿元，资本周转速度为 1.2 次；国有商业流动资本年平均周转为 2.3 次。海尔物流使企业的资本周转提高到一年 15 次，建立了现代物流体系的日本制造业（包括批发、零售）流动资金年平均周转 15~18 次，一些跨国连锁企业如沃尔玛、麦德龙、家乐福等公司，流动资本年周转速度都达到 20~30 次。可以看出，人家的钱一元顶几元、十几元、几十元，而我们的钱是几元、十几元、甚至几十元不顶一元。如果我国国有独立核算工业企业资本周转速度达到海尔的水平，那么，3 万亿元流动资本一年内转 15 圈，就相当于 45 万亿元的资本量；如果达到沃尔玛等企业的水平，一年内转 30 圈，将相当于 90 万亿元。沉淀的资金和快速流动起来的资本价值形成了巨大的反差，这对于资金尚不充裕的我国具有极大的潜在经济意义。

资料来源：物流产业发展的潜力和前景分析. 海通证券，2001-07-18.

第六章 社会总资本的再生产及其周期性

一、概念题

1. 社会资本
2. 社会资本运动
3. 社会总产品
4. 价值补偿
5. 实物补偿

二、单项选择题

1. 社会资本是（   ）。
A. 相互联系和相互依存的单个资本的总和
B. 产业资本、商业资本、借贷资本的总和
C. 生产部门的资本和流通部门资本的总和
D. 货币资本、生产资本、商品资本的总和

2. 考察社会资本运动的出发点是（   ）。
A. 社会总产品
B. 社会货币资本总量
C. 全部消费资料之和
D. 全部生产资料之和

3. 考察社会再生产的理论前提是（   ）。
A. 社会总产品的价值补偿和实物替换
B. 社会总产品的实物构成、价值构成及社会生产分为两大部类
C. 社会资本简单再生产与扩大再生产的实现条件

D. 社会资本简单再生产与扩大再生产的实现过程

4. 社会总产品从实物上分为生产资料和消费资料两大类，是根据（　　）。
A. 实物的不同形态
B. 价值的多少
C. 实物的最终用途
D. 使用价值的大小

5. 社会总产品是指在一定时期内（　　）。
A. 社会各物质生产部门所生产出来的全部物质资料的总和
B. 物质产品生产部门和精神产品生产部门生产出来的全部产品总和
C. 第一、第二、第三产业所生产出来的全部产品的总和
D. 商业及服务业所创造出来的全部产品的总和

6. 研究社会资本再生产的核心问题是（　　）。
A. 社会总产品的构成问题
B. 社会总产品的实现问题
C. 社会资本的循环问题
D. 社会资本的周转问题

7. 马克思把社会生产分为两大部类，第Ⅱ部类是制造（　　）。
A. 消费资料的部类
B. 生产资料的部类
C. 物质产品的部类
D. 非物质产品的部类

8. 马克思把社会生产分为两大部类，即（　　）。
A. 制造生产资料的部类和制造消费资料的部类
B. 制造物质产品的部类和制造精神产品的部类
C. 制造耐用消费品的部类和制造普通消费品的部类
D. 制造农产品的部类和制造工业品的部类

9. 社会资本简单再生产的基本实现条件是（ ）。

A. $I(v+m) = IIc$

B. $I(v+m) > IIc$

C. $I(c+v+m) = Ic + IIc$

D. $I(v+m) + II(v+m) = II(c+v+m)$

10. $I(c+v+m) = Ic + IIc$ 是（ ）。

A. 社会资本简单再生产的前提条件

B. 社会资本简单再生产的实现条件

C. 社会资本扩大再生产的前提条件

D. 社会资本扩大再生产的实现条件

11. $I(v+\Delta v+m/x) = II(c+\Delta c)$ 是（ ）。

A. 社会资本扩大再生产的前提条件

B. 社会资本扩大再生产的基本实现条件

C. 社会资本简单再生产的前提条件

D. 社会资本简单再生产的基本实现条件

12. 在社会资本扩大再生产的实现过程中，通过第一部类的内部交换可以使（ ）。

A. $I(c+v+m)$ 的价值补偿得以实现

B. $I(c+v+m)$ 的实物替换得以实现

C. $I(c+\Delta c)$ 的实物替换和价值补偿得以实现

D. $I(c+\Delta c) + II(c+\Delta c)$ 的实物替换和价值补偿得以实现

13. 社会资本扩大再生产要求提供追加劳动力所需的消费资料，反映这一要求的扩大再生产前提条件的公式是（ ）。

A. $I(v+m) = IIc$

B. $I(v+m) > IIc$

C. $II(c+m/x) > I(v+m-m/x)$

D. $II(c+m-m/x) > I(v+m/x)$

14. 下列属于两大部类相互交换的是（　　）。

A. Ⅰ（1000v+1000m）与Ⅱ（500v+500m）

B. Ⅰ4000c 与Ⅱ2000c

C. Ⅰ（1000v+1000m）与Ⅱ2000c

D. Ⅰ4000c 与Ⅱ（500v+500m）

15. Ⅱ（c+v+m）= Ⅰ（v+Δv+ m/x）+Ⅱ（v+Δv+ m/x）是（　　）。

A. 社会资本简单再生产的前提条件

B. 社会资本扩大再生产的前提条件

C. 社会资本简单再生产的实现条件

D. 社会资本扩大再生产的实现条件

16. 第Ⅱ部类中的Ⅱc在本部类产品的实物形态上体现的是（　　）。

A. 生活资料

B. 生产资料

C. 剩余产品

D. 国民收入

17. Ⅰ（v+m）> Ⅱc 是（　　）。

A. 社会资本简单再生产的实现条件

B. 社会资本扩大再生产的实现条件

C. 社会资本简单再生产的前提条件

D. 社会资本扩大再生产的前提条件

18. 社会资本再生产的实现条件体现了两大部类之间及其内部所应遵循的（　　）。

A. 基本生产关系

B. 主要协作关系

C. 基本比例关系

D. 全部价值关系

19. 在技术进步和资本有机构成提高的条件下，社会资本再生产过程中增长最快的是（　　）。

A. 制造生产资料的生产资料生产

B. 制造消费资料的生产资料生产

C. 消费资料生产

D. 生产资料生产

20. 固定资本更新是（　　）。

A. 资本主义再生产顺利进行的前提条件

B. 资本主义再生产周期性的根本原因

C. 资本主义经济危机爆发的根源

D. 资本主义再生产周期性的物质基础

21. 固定资本更新为下一次危机的到来准备了物质前提，是因为它能够（　　）。

A. 推动生产资料部门的恢复和发展，增加社会需求

B. 带动消费资料生产的回升，刺激生产发展

C. 降低人们的消费水平，缓解供给和需求的矛盾

D. 促进生产力急剧增长，会加剧生产扩大与有支付能力需求相对不足的矛盾

22. 资本主义经济危机的实质是（　　）。

A. 生产严重不足

B. 消费严重不足

C. 生产相对过剩

D. 消费严重超前

23. 资本主义经济危机爆发的根本原因是（　　）。

A. 具体劳动和抽象劳动的矛盾

B. 使用价值和价值的矛盾

C. 资本主义的基本矛盾

D. 无产阶级和资产阶级的矛盾

24. 在社会资本再生产周期的四个阶段中，决定性阶段是（　　）。

A. 危机

B. 萧条

C. 复苏

D. 高涨

25. 生产无限扩大的趋势同劳动人民有支付能力的需求相对缩小的矛盾是（　　）。

A. 市场经济的必然规律

B. 商品经济的必然规律

C. 社会化大生产的具体表现

D. 资本主义基本矛盾的具体表现

三、多项选择题

1. 对社会资本运动的分析可以看出其运动的特点是（　　）。

A. 社会资本运动过程是生产过程和流通过程的统一

B. 社会资本运动的目的是为了价值的增殖

C. 社会资本运动不仅包括生产消费，还包括个人消费

D. 社会资本运动不仅包括资本流通，还包括一般商品流通和剩余价值流通

E. 社会资本运动不仅考察价值补偿，还考察实物补偿

2. 资本主义社会总产品的实现是指（　　）。

A. 社会总产品中所含的剩余价值的全部实现

B. 社会总产品的各个部分在价值上得到补偿

C. 社会总产品的各个部分在物质上得到替换

D. 两大部类追加生产资料的需要都得到满足

E. 两大部类追加生活资料的需要都得到满足

3. 社会总资本运动的核心问题是（　　）。

A. 社会总产品的价值补偿和实物补偿

B. 社会总产品是由 c+v+m 构成

C. 社会生产分为生产资料生产和消费资料生产两大部类

D. 社会总产品包括生产资料和消费资料两大类

E. 社会总产品的实现

4. 资本主义社会总产品在价值上的组成部分包括 （   ）。

A. 不变资本

B. 固定资本

C. 可变资本

D. 流动资本

E. 剩余价值

5. 社会总产品从实物形态和价值形态看，是指 （   ）。

A. 物质生产部门的劳动者当年新创造的价值

B. 当年所生产的物质资料的总和

C. 当年所生产的生产资料和消费资料的总和

D. 生产过程中消耗并转移到新产品中的生产资料价值和新创造价值的总和

E. 社会总产值中扣除生产中消耗掉的生产资料价值后的剩余部分

6. 从本质上分析社会资本简单再生产的实现条件需要作几点假设，包括 （   ）。

A. 纯粹的资本主义经济

B. 没有对外经济关系

C. 不变资本价值在一年内全部转移到新产品之中

D. 商品按价值出售，价格与价值一致

E. 剩余价值率为 100%

7. 社会资本简单再生产的实现条件包括 （   ）。

A. I $(v+m)$ = II c

B. I $(c+v+m)$ = II c

C. I $(c+v+m)$ = Ic+ II c

D. II $(c+v+m)$ = I $(v+m)$ + II $(v+m)$

E. II $(c+v+m)$ = Ic+ II c

8. 资本主义经济危机周期性的物质基础是固定资本更新，因为（ ）。

A. 固定资产比流动资本周转的速度慢，固定资本更新少

B. 资本家希望固定资本多使用些时间，不想提前更新

C. 固定资本的大规模更新，为资本主义摆脱经济危机准备了物质条件

D. 固定资本大规模更新，又为下一次危机的到来准备了物质基础

E. 经济危机到来时，机器设备卖不出去

9. 简单再生产是扩大再生产的（ ）。

A. 基础

B. 出发点

C. 主要组成部分

D. 结果

E. 延续

10. 社会资本扩大再生产条件下的剩余价值（ ）。

A. 全部用于积累

B. 全部用于消费

C. 划分为积累和消费两个部分

D. 用于积累的部分划分为追加的不变资本和追加的可变资本两部分

E. 用于消费的部分是指资本家的个人消费

11. 社会资本扩大再生产的实现条件是（ ）。

A. $I(c+v+m) = I(c+\Delta c) + II(c+\Delta c)$

B. $II(c+v+m) = I(v+\Delta v+m/x) + II(v+\Delta v+m/x)$

C. $I(v+\Delta v+m/x) = II(c+\Delta c)$

D. $I(c+v+m) = Ic + IIc$

E. $II(c+v+m) = I(v+m) + II(v+m)$

12. 在社会资本简单再生产实现过程中，需要通过两大部类之间相互交换的产品有（ ）。

A. $I(c+v)$

B. $I(v+m)$

C. IIc

D. Ⅱ(v+m)

E. Ⅰc

13. 导致经济危机爆发的资本主义矛盾及其具体表现有 （   ）。

A. 资本主义基本矛盾

B. 商品经济的基本矛盾

C. 需求无限扩大和生产相对缩小之间的矛盾

D. 生产无限扩大趋势同劳动人民有支付能力需求相对缩小之间的矛盾

E. 个别企业内部生产有组织性同整个社会生产的无政府状态之间的矛盾

四、判断题

1. 社会总资本运行的中心问题是社会总资本运行的速度问题。   （   ）

2. Ⅱ(c−m+m/x) >Ⅰ(v+m/x) 是社会总资本扩大再生产的前提条件之一。

（   ）

3. Ⅰ(v+Δv+ m/x) 可以与第二部类有关部分进行交换。   （   ）

4. Ⅱ(c+Δc) 可以在生产消费资料的部类内部实现双重补偿。   （   ）

5. 生产资料的更快增长是在资本有机构成提高条件下，社会资本扩大再生产的客观要求，也是消费资料增长的条件。   （   ）

6. 生产资料生产优先增长的规律性决定了生产资料的生产增长得越快越好。   （   ）

7. 考察社会总资本再生产的出发点和核心是剩余价值的实现问题。

（   ）

五、辨析题

1. 生产资料生产优先增长是技术进步条件下扩大再生产的规律。因此，生产资料增长速度越快，社会生产就越能发展。

2. 资本主义经济危机就是生产的商品绝对地超过了人们的物质生活需要。

3. 考察社会总资本再生产的出发点和核心是剩余价值的实现问题。

4. 研究社会总资本再生产的目的是为了说明剩余价值的来源。

六、计算题

1. 假定今年年终，两大部类生产出来的社会总产品的价值构成如下：

Ⅰ(4840c+1210v+1210m) = 7260

Ⅱ（1760c+880v+880m）= 3520

如果第一部类的积累率为 50%，两大类的资本有机构成和剩余价值都不变，则明年年终，两大部类生产出来的社会总产品的价值构成如何？

2. 假设社会两大部类预付资本情况是：

Ⅰ（24000c + 3000v）；Ⅱ（6000c + 1500 v）。两大部类 C 中固定资本都各占 50%，使用年限均为 5 年，当年更新 1/5；剩余价值率 m′为 100%。试计算：

（1）当年两大部类生产产品价值各为多少？

（2）为实现扩大再生产，两大部类积累率均为 60%，第一部类追加资本的有机构成为 11：1，则第二部类追加资本的有机构成比例应是多少？

（3）第二年社会资本扩大再生产的结果，两大部类生产的发展速度各为多少？

3. 某社会生产图式是：Ⅰ（4000c+1000v+1000m），Ⅱ（1600c+800v+800m），如果第一部类资本家剩余价值积累的部分为 200，资本有机构成与剩余价值率不变，要保持社会资本再生产的正常进行，第二部类资本家消费为多少？

七、简答题

1. 个别资本运动和社会资本运动的联系与区别是什么？

2. 社会总产品实现的含义是什么？

3. 马克思关于社会再生产的两个基本理论前提是什么？

4. 简述社会资本简单再生产条件下社会总产品的实现过程。

5. 资本主义经济危机的爆发为什么具有周期性？

6. 社会资本扩大再生产的前提条件、实现过程及实现条件是什么？

八、论述题

1. 试述社会资本扩大再生产的实现条件及其所体现的经济关系。

2. 试述马克思再生产理论对于我们认识资本主义再生产矛盾的重要意义。该理论对社会主义经济建设有何指导意义？

九、阅读分析题（用所学政治经济学原理对其进行全面分析）

国内现货钢市供需失衡的状况正在加剧，综合钢价跌势加深，出现了 2012 年 9 月以来最大的周跌幅。目前钢市至少承受了三重压力：下游需求未见明显释放的压力、供给和库存的压力以及贸易商临近月底的还款压力。

从2月下旬持续至今，国内中厚板价格已连跌15个交易日。

在建筑钢材市场上，价格指数也是加速下跌。业内人士反映，目前市场上的库存较高，钢价下跌了将近1个月，在"买涨不买跌"的心态下，工地和中间商的采购计划都显得迟缓，商户出货的压力非常大，"通过报价的加速下跌以求出货"，实属无奈之举。短期内市场的整体氛围还是偏于悲观，建筑钢价继续下行的可能性仍较大。

钢铁的原材料价格也在全面下跌，持续坚挺的铁矿石市场，终于转入加速下行的轨道。在国内矿市场，河北地区铁精粉价格继续下跌，吨价周跌幅为20元，钢厂的采购更加谨慎，维持"低库存"策略，市场成交清淡。

相关机构分析人士说，数据显示，2月国内粗钢日均产量升至220.82万吨的历史高点，主要钢材品种的社会库存已连增12周，钢市供需失衡的状况正在进一步加剧。就算接下来终端需求有所改善，但较高库存的消化也需要时间，这将成为阻碍钢价回暖的主要因素。

资料来源：李荣. 供需失衡状况加剧 "三座大山" 困扰钢市. 国际金融报，2013-03-18.

第七章　职能资本和平均利润

一、概念题

1. 成本价格
2. 利润
3. 利润率
4. 平均利润
5. 生产价格
6. 平均利润率
7. 商业资本
8. 商业利润
9. 商业流通费用
10. 生产性流通费用
11. 纯粹流通费用

二、单项选择题

1. 成本价格是（　　）。
A. 生产商品的全部劳动耗费
B. 生产商品的资本耗费
C. 生产商品的物化劳动耗费
D. 生产商品的活劳动耗费

2. 成本价格形成后，资本家把利润看作（　　）。
A. 不变资本的产物
B. 可变资本的产物
C. 所用资本的产物
D. 所费资本的产物

3. 当把剩余价值看作（　　）的产物时，剩余价值便转化为利润。

A. 不变资本

B. 可变资本

C. 预付资本

D. 固定资本

4. 剩余价值量和利润量的关系是（　　）。

A. 剩余价值量大于利润量

B. 剩余价值量小于利润量

C. 剩余价值量等于利润量

D. 两者是互相决定的关系

5. 平均利润率的形成是（　　）。

A. 部门之间竞争的结果

B. 部门内部竞争的结果

C. 资本有机构成平均化的结果

D. 资本有机构成提高的结果

6. 按照平均利润率的要求，商品应该按（　　）出售。

A. 价值

B. 生产价格

C. 生产成本

D. 平均利润

7. 生产价格的构成是（　　）。

A. 价值与平均利润之和

B. 成本价格与平均利润之和

C. 成本价格与利润之和

D. 成本价格与产业利润之和

8. 剩余价值到平均利润的转化（　　）。

A. 只是质的转化，不包含量的转化

B. 只是量的转化，不包含质的转化

C. 既不是量的转化，也不是质的转化

D. 既是质的转化，也是量的转化

9. 商品个别生产价格低于社会生产价格的企业，可以获得（　　　）。

A. 超额利润

B. 平均利润

C. 剩余价值

D. 相对剩余价值

10. 商品生产价格的变动归根结底是由（　　　）引起的。

A. 商品供求关系的变动

B. 商品价值的变动

C. 货币供应量的变动

D. 成本价格的变动

11. 平均利润率下降的趋势是由于（　　　）引起的。

A. 剩余价值率的降低

B. 利润率的降低

C. 个别资本的增大

D. 社会平均的资本有机构成不断提高

12. 平均利润形成的前提是（　　　）。

A. 不同部门投入不同的资本量

B. 不同部门有不同的利润率

C. 不同部门有不同的资本有机构成

D. 不同部门有不同的平均利润

13. 部门内部的竞争形成（　　　）。

A. 平均利润率

B. 年利润率

C. 年剩余价值率

D. 商品的社会价值

14. 生产价格是（　　）。

A. 利润的转化形式

B. 价值的转化形式

C. 平均利润的转化形式

D. 剩余价值的转化形式

15. 利润转化为平均利润后，资本有机构成高的部门的商品生产价格总额（　　）。

A. 一般会高于其商品价值总额

B. 一般会低于其商品价值总额

C. 一般会等于其商品价值总额

D. 一般与商品价值总额无关

16. 利润转化为平均利润（　　）。

A. 揭示了利润的真正来源

B. 揭示了利润的本质

C. 进一步掩盖了利润的本质和来源

D. 消除了个别资本家获得的超额利润

17. 部门之间竞争的特征是（　　）。

A. 劳动力转移

B. 价格竞争

C. 资本转移

D. 改进技术

18. 平均利润率是（　　）。

A. 全社会剩余价值与预付的总资本的比率

B. 全社会剩余价值与预付的不变资本的比率

C. 全社会剩余价值与预付的可变资本的比率

D. 全社会剩余价值与商品社会价值量的比率

19. 平均利润的来源是（　　）。

A. 本部门工人的剩余劳动

B. 各部门工人的剩余劳动

C. 各企业所投入的资本

D. 全社会所投入的资本

20. 价值转化为生产价格后，（　　）。

A. 价值规律作用的表现形式发生了变化，但没有否定价值规律

B. 价值规律作用的表现形式发生了变化，因而否定了价值规律

C. 价值规律作用的表现形式没有发生变化，因此没有否定价值规律

D. 价值规律作用的表现形式没有发生变化，但否定了价值规律

21. 超额利润反映的是（　　）。

A. 资本有机构成不同的部门之间的关系

B. 资本有机构成相同的部门内部不同企业之间的关系

C. 产业资本家和商业资本家之间的关系

D. 产业资本家和借贷资本家之间的关系

22. 专门从事商品经营活动的商业资本所获得的利润相当于（　　）。

A. 超额利润

B. 垄断利润

C. 高额利润

D. 平均利润

23. 表示预付资本增殖程度的概念是（　　）。

A. 剩余价值率

B. 年剩余价值率

C. 平均利润率

D. 利润率

24. 平均利润率规律是（　　）。

A. 发达商品经济的规律

B. 商品经济的基本经济规律

C. 资本主义特有的经济规律

D. 社会主义特有的经济规律

25. 纯粹流通费用从（ ）中得到补偿。

A. 不变资本价值

B. 可变资本价值

C. 加大了的商品价值

D. 剩余价值

26. 下列费用中不属于生产性流通费用的是（ ）。

A. 包装费

B. 保管费

C. 运输费

D. 广告费

27. 商品价值中既是新创造价值的一部分，又是构成生产成本的一部分的是（ ）。

A. c

B. v

C. m

D. v+m

28. 某资本家预付不变资本 900 万元，可变资本 100 万元，剩余价值率为 100%，其中可变资本每年周转 2.5 次，其年利润率为（ ）。

A. 10%

B. 20%

C. 15%

D. 25%

三、多项选择题

1. 生产成本（ ）。

A. 代表商品价值中的劳动耗费

B. 代表商品售卖价格的最低界限

C. 可以从中看出固定资本与流动资本的区别

D. 掩盖了不变资本与可变资本的区别

E. 它是用资本耗费来计算的

2. 成本价格形成之后，剩余价值必然表现为（　　）。

A. 不变资本以上的增加额

B. 可变资本以上的增加额

C. 成本价格以上的增加额

D. 可变资本的产物

E. 预付总资本的产物

3. 以下论述正确的是（　　）。

A. 部门内部的竞争形成商品的社会价值

B. 部门内部的竞争形成平均利润

C. 部门之间的竞争形成商品的社会价值

D. 部门之间的竞争形成平均利润

E. 部门之间和部门内部的竞争共同形成超额利润

4. 生产成本（　　）。

A. 表明了剩余价值是由雇佣工人的劳动创造的

B. 表明了资本主义商品的价值由三个部分构成

C. 使剩余价值表现为全部所费资本的增加额

D. 掩盖了剩余价值的真正来源

E. 混淆了不变资本和可变资本的区别

5. 剩余价值与利润的关系是（　　）。

A. 利润是剩余价值的转化形式

B. 利润掩盖了剩余价值的真实来源

C. 剩余价值是利润的本质

D. 利润是剩余价值的本质

E. 利润与剩余价值在数量上一致

6. 利润率（　　）。

A. 是剩余价值与全部可变资本的比率

B. 是剩余价值与全部预付资本的比率

C. 是剩余价值与全部不变资本的比率

D. 反映了资本家对工人的剥削程度

E. 反映了资本价值的增殖程度

7. 利润率的变动与（　　）。

A. 剩余价值率的大小同方向变化

B. 不同部门资本有机构成的高低反方向变化

C. 资本周转速度的快慢同方向变化

D. 不变资本的节省程度同方向变化

E. 原材料价格的变动同方向变化

8. 剩余价值率和利润率的区别和联系是（　　）。

A. 剩余价值率反映资本的增殖程度，利润率反映资本的剥削程度

B. 剩余价值率反映资本的剥削程度，利润率反映资本的增殖程度

C. 剩余价值率是利润率的转化形式

D. 利润率是剩余价值率的转化形式

E. 剩余价值率的高低影响着利润率的高低

9. 部门之间的竞争，是通过资本转移实现的，这种转移是指（　　）。

A. 资本由利润率低的部门转向利润率高的部门

B. 资本由利润率高的部门转向利润率低的部门

C. 资本由价值低的部门转向价值高的部门

D. 原有社会资本在各个部门的流入或流出

E. 新资本向利润率较高部门的投入

10. 平均利润率形成的过程，同时就是（　　）。

A. 生产要素在不同部门之间流动的过程

B. 利润向平均利润转化的过程

C. 超额利润消失的过程

D. 价值转化为生产价格的过程

E. 各部门资本家通过竞争重新瓜分剩余价值的过程

11. 平均利润是（　　）。

A. 剩余价值表现为预付资本的产物

B. 大多数企业都能获得的利润

C. 部门之间竞争的结果

D. 部门内部企业之间竞争的结果

E. 一定量预付资本根据平均利润率获得的利润

12. 超额利润是（　　）。

A. 商品的个别价值与社会价值的差额

B. 商品的个别生产价格与社会生产价格的差额

C. 大多数企业都能获得的利润

D. 少数企业才能获得的利润

E. 超过平均利润以上部分的利润

13. 平均利润形成后，等量资本获得等量利润，因此（　　）。

A. 各部门资本家得到的利润与本部门工人创造的剩余价值相等

B. 资本有机构成高的部门得到的利润大于本部门工人创造的剩余价值

C. 资本有机构成高的部门得到的利润小于本部门工人创造的剩余价值

D. 具有平均资本有机构成的部门得到的利润与本部门工人创造的剩余价值一致

E. 资本有机构成低的部门得到的利润低于本部门工人创造的剩余价值

14. 剩余价值转化为平均利润以后（　　）。

A. 资本有机构成高的部门所获得的利润高于本部门创造的剩余价值

B. 资本有机构成高的部门所获得的利润低于本部门创造的剩余价值

C. 全社会的平均利润总和等于剩余价值总和

D. 全社会的商品价值总和等于生产价格总和

E. 商品价值转化为生产价格

15. 生产价格与价值的关系是（　　）。

A. 生产价格否定了价值

B. 生产价格与价值常是一致的

C. 生产价格是价值的转化形式

D. 资本有机构成高的部门的产品生产价格高于价值

E. 全社会的商品价值总额等于生产价格总额

16. 生产价格和价值之间的差别是（　　）。

A. 生产价格只是同资本有联系，同活劳动没有联系

B. 生产价格既同资本有联系，又同活劳动有联系

C. 生产价格经常与价值不一致

D. 资本有机构成高的部门生产价格低于价值

E. 资本有机构成低的部门生产价格低于价值

17. 下列说法正确的是（　　）。

A. 价值的转化形式是生产价格

B. 生产价格等于成本价格加上平均利润

C. 资本有机构成低的企业都不能获得平均利润

D. 生产价格形成的前提是利润转化为平均利润

E. 资本有机构成高的企业都能获得超额利润

18. 平均利润和生产价格形成以后（　　）。

A. 市场价格围绕商品价值上下波动

B. 市场价格围绕生产价格上下波动

C. 价值的变化对生产价格的变化起决定作用

D. 价值的变化对生产价格的变化不起决定作用

E. 价值规律作用的形式发生了变化

19. 平均利润和生产价格形成以后，各生产部门（　　）。

A. 所获得的利润量完全相等

B. 根据平均利润率获得平均利润

C. 按平均利润率所获得的利润量有多有少

D. 商品的价值与生产价格完全一致

E. 商品的价值与生产价格一般不一致

20. 商业资本是（　　）。

A. 在流通领域中独立发挥作用的资本

B. 从产业资本中分离出来的独立的资本形式

C. 专门从事商品买卖，以获取商业利润为目的的资本

D. 独立从事资本循环和资本周转的资本

E. 具有独立运动形式的资本

21. 从理论上说，能够获得平均利润的资本家有（　　）。
A. 商业资本家
B. 农业资本家
C. 产业资本家
D. 银行资本家
E. 借贷资本家

22. 商业利润的实质是（　　）。
A. 产业工人创造的一部分剩余价值的转化形式
B. 体现了商业资本家和产业资本家共同剥削无产阶级的关系
C. 商业店员创造的一部分剩余价值的转化形式
D. 商品的批发价格和零售价格之间的差额
E. 体现着商业资本家和产业资本家共同瓜分剩余价值的关系

23. 平均利润和生产价格规律的作用是（　　）
A. 推动资本周转速度的加快
B. 分配社会劳动调节资源配置
C. 造成平均利润率呈下降趋势
D. 促进企业改革生产技术提高劳动生产率
E. 调节剩余价值在各部门投资者之间的分配

24. 生产性流通费用包括（　　）。
A. 商品的保管费用
B. 商品的包装费用
C. 支付商业员工的工资
D. 商品的生产费用
E. 商品的运输费用

25. 生产性流通费用能增加商品的价值量，这是因为（　　）。
A. 从事商品的包装、保管、运输的活动，属于生产性劳动
B. 生产性劳动会把在劳动过程中消耗的物质资料价值转移到商品中去并

创造新价值

  C. 这种费用是生产过程在流通领域内的延续所发生的费用

  D. 这种费用与商品价值形态的变化紧密联系在一起

  E. 这种费用的补偿是对剩余价值的扣除

26. 下列费用中属于纯粹流通费用的是（ ）。

  A. 店员工资

  B. 簿记费用

  C. 商业办公费用

  D. 运输费

  E. 广告费

27. 下列哪几种形式掩盖了资本主义剥削关系（ ）？

  A. 成本价格

  B. 价值

  C. 利润

  D. 平均利润

  E. 工资

28. 价值转化为生产价格并不否定价值规律，因为（ ）。

  A. 生产价格和价值是完全相等的

  B. 生产价格的基础是价值

  C. 全社会的平均利润总额和剩余价值总额是一致的

  D. 全社会的生产价格和价值总额是一致的

  E. 生产价格与价值已经脱离了关系

29. 下列说法中正确的有（ ）。

  A. 商业资本是商品资本的职能独立化的结果

  B. 商业资本是从产业资本运动中分离出来的独立的资本形式

  C. 商品资本的职能从产业资本的运动中分离出来是有条件的

  D. 商业资本家要获得相当于平均利润的商业利润

  E. 商业资本家要有自己独立的投资，用于购买商品和支付商业流通费用

30. 下列说法中正确的是（　　）。

A. 商业资本的职能是商品资本的职能

B. 商业利润来源于产业工人创造的剩余价值

C. 商业利润体现了产业资本家和商业资本家对工人的剥削关系

D. 商业资本家对商业店员不存在剥削

E. 商业利润是通过商品的购销价格差额来实现的

四、判断题

1. 成本价格是资本家把商品生产过程中的劳动耗费用资本耗费来计量的结果。 （　　）

2. 剩余价值转化为利润是因为把剩余价值看成是不变资本的产物。 （　　）

3. 资本主义发展的事实证明，平均利润率的下降，通常是同利润量的减少结合在一起的。 （　　）

4. 资本主义商业资本是由商业资本家独立投资的一种古老的资本形式，与产业资本的运动无关。 （　　）

5. 商业资本是商品资本的职能独立化的结果。 （　　）

6. 商业利润和产业利润一样，都是剩余价值的转化形式。 （　　）

7. 商业利润体现了商业资本家和产业资本家共同剥削工人的关系。 （　　）

8. 商业利润是由产业资本家让渡给商业资本家的一部分剩余价值，因此商业利润率低于平均利润率。 （　　）

9. 商业流通费用从增大了的商品价值中得到补偿。 （　　）

10. 利润与剩余价值在本质上是相同的。 （　　）

11. 在研究利润率平均化问题时是以个别资本作为研究的出发点或基础的。 （　　）

12. 平均利润率规律是资本主义特有的经济规律。 （　　）

13. 平均利润率下降趋势规律产生的根本原因是社会平均资本有机构成的不断提高，因而会直线下降。 （　　）

14. 纯粹流通费用不参与价值或剩余价值的创造。 （　　）

15. 平均利润率水平的下降意味着剩余价值率的下降 （　　）

五、辨析题

1. 平均利润率形成后，各部门的资本家得到的平均利润相等。

2. 平均利润率是部门内部竞争的结果。

3. 从表面上看，商业利润来源于商品售卖价格和购买价格之间的差额，所以，商业利润是从流通中产生的。

4. 产业资本家让渡给商业资本家的剩余价值的数量，是可以随意确定的。

5. 商业利润来源于商业员工劳动所创造的剩余价值。

6. 等量资本取得等量利润，所以平均利润是全部资本的产物。

7. 因为利润和剩余价值在量上是一致的，所以利润率与剩余价值率是一致的。

8. 商业资本就是商品资本。

六、计算题

1. 设产业部门预付不变资本 16200 万元，其中固定资本 13250 元，使用年限为 5 年；可变资本 1800 万元；剩余价值率为 200%。商业部门设所用资本和所费资本相等，剥削生产性工人的剩余价值率也为 200%，预付资本的情况是：购进商品资本 1000 万元；保管费用 300 万元（其中：200c，100v）；运输费用 500 万元（其中：400c，100v）；纯粹流通费用 200 万元。试计算：

（1）平均利润率是多少？

（2）产业资本家集团获得平均利润是多少？

（3）商业资本家集团获得平均利润是多少？

（4）产业部门商品出厂价格是多少？

（5）商业部门售卖商品生产价格是多少？

2. 按下列表中提供的数据，列式计算并将计算结果填入相应的空格。

单位：万元

部门	不变资本		可变资本	剩余价值率	平均利润率	平均利润	成本价格	生产价格
	总额	其中固定资本（用5年）						
A	5600	5000	400	200%				
B	8100	6500	900	200%				
C	2500	1700	500	200%				

七、简答题

1. 成本价格对于企业生产经营活动有何重要意义？

2. 简述剩余价值与利润之间的关系。

3. 影响利润率的因素有哪些？

4. 利润率同剩余价值率之间的区别是什么？

5. 简述部门内部竞争和部门之间竞争的区别和联系。

6. 平均利润率形成后，部门内部的各企业是否还有利润率的差别？为什么？

7. 为什么说利润转化为平均利润进一步掩盖了资本主义剥削关系？

8. 为什么商业利润率只能相当于平均利润率？

八、论述题

1. 试述价值、价格及其与生产价格的关系。

2. 以下要素按一定的顺序排列，可以构成政治经济学的一个理论，请你：

（1）写出这个理论的名称；

（2）将各个要素的序号按顺序正确排列，并详细说明该理论的内容。

① $\overline{P}$；② 资本在各部门之间转移；③ 各部门资本有机构成不同；④ $\overline{P}'$；⑤ P'；⑥ $K + \overline{P}$。

3. 商品的价值是如何转化为生产价格的？生产价格的形成是否违背价值规律？

4. 商业利润的来源是什么？商业资本家是怎样获得平均利润的？

5. 商业流通费用具有哪些类型？它们是怎样得到补偿的？

九、阅读分析题（用所学政治经济学原理对其进行全面分析）

> 沃尔玛（WAL-MART）是全球 500 强榜首企业。1995 年，沃尔玛创造了零售业的一项世界纪录，实现年销售额 936 亿美元，相当于全美所有百货公司的总和，而且至今仍保持着强劲的发展势头。它在短短几十年中有如此迅猛的发展，不能不说是零售业的一个奇迹。
>
> 沃尔玛能够取得今日的成就，其中一个重要原因就是成功地实施了成本领先战略。沃尔玛把节约开支的经营理念作为实施成本领先战略的

先决条件，将其物流循环链条作为实施成本领先战略的载体，利用发达的高科技信息处理系统作为成本领先战略实施的基本保障。其具体做法可以概括为：

1. 购货环节，采取向工厂直接购货、统一购货和辅助供应商减少成本等方式来降低购货成本。

2. 运输环节，沃尔玛自身拥有车队，有效地降低了运输成本。

3. 存货环节，采取建立高效运转的配送中心以保持低成本存货。

4. 日常经费管理环节进行严格控制。

5. 利用发达的高科技信息处理系统降低了管理费用。

资料来源：金佳莉，陈玲梅，游宇倩等. 沃尔玛如何降低成本. http://www.chinadmd.com/file/36essop33u3ocxzouu6uoccw_1.html.

第八章　生息资本与利息

一、概念题

1. 借贷资本
2. 利息率
3. 利息
4. 商业信用
5. 银行信用
6. 股份公司
7. 股票
8. 股息

二、单项选择题

1. 能够给资本家带来利息的资本是（　　）。

A. 货币资本

B. 商业资本

C. 生产资本

D. 借贷资本

2. 在平均利润率一定的情况下，决定一个国家利息率的最主要因素是（　　）。

A. 历史和道德

B. 生活习惯和法律观念

C. 借贷资本的供求关系

D. 商品的供求关系

3. 借贷资本在借贷资本家手中是财产资本，在职能资本家手中是职能资本，其双重身份必须得到（　　）。

A. 双份平均利润

B. 双份利息

C. 双份平均利润和利息之和

D. 一份利息和一份企业利润

4. 借贷资本运动的完整公式是（　　）。

A. $G—W—G'$

B. $G—G—W\cdots P\cdots W'—G'—G'$

C. $G—G'$

D. $W'—G'—W\cdots P\cdots W'$

5. 借贷资本主要来源于产业资本循环中闲置的（　　）。

A. 货币资本

B. 生产资本

C. 商品资本

D. 不变资本

6. 借贷资本的利息通常要（　　）。

A. 高于职能资本家所获得的利润

B. 低于职能资本家所获得的利润

C. 等于职能资本家所获得的利润

D. 与职能资本家所获得的利润无法比较

7. 利息的真正本质是（　　）。

A. 借贷资本的价格

B. 资本所有权的产物

C. 对资本所有者过去劳动的报酬

D. 剩余价值的特殊转化形式

8. 利息出现以后，企业利润必然（　　）。

A. 等于平均利润

B. 大于平均利润

C. 小于平均利润

D. 包括全部剩余价值

9. 借贷资本家贷给职能资本家货币资本时，借贷资本家（　　）。

A. 既让渡使用权又放弃所有权

B. 只让渡使用权没有放弃所有权

C. 只放弃所有权而没有让渡使用权

D. 既不让渡使用权又不放弃所有权

10. 关于银行利润的来源，以下判断正确的是（　　）。

A. 银行资本家自有资本的平均利润

B. 银行资本家借入资本的平均利润

C. 生产部门的雇佣工人所创造的剩余价值

D. 银行雇员所创造的剩余价值

11. 银行利润是按照其自有资本来计算的，在数量上（　　）。

A. 等于平均利润

B. 高于平均利润

C. 高于产业利润

D. 低于平均利润

12. 股息的实质是（　　）。

A. 剩余价值的转化形式

B. 股份公司的利润

C. 股票的票面金额

D. 股票的价格

13. 在利息率不变的条件下，股票价格与股息的关系是（　　）。

A. 股息越高，股票价格越高

B. 股息越高，股票价格越低

C. 股息越低，股票价格越高

D. 股票价格由市场决定

14. 利息率和平均利润率在量上的关系是（　　）。

A. 利息率高于平均利润率

B. 利息率等于平均利润率

C. 利息率低于平均利润率

D. 利息率与平均利润率按相反方向变化

15. 利息率的界限是（　　）。

A. 0<利息率<平均利润率

B. 0<利息率>平均利润率

C. 0>利息率<平均利润率

D. 0<利息率=平均利润率

16. 有一张票面金额为 100 元的股票，当股息为 20 元时，价格为 400 元，如果银行存款年利息率不变，股息为 40 元时，则该股票价格为（　　）。

A. 400 元

B. 600 元

C. 800 元

D. 1000 元

17. 有一张股票，当存款利率为 6% 时，股票价格为 200 元，当存款利率上升到 8% 时，股票价格应为（　　）。

A. 240 元

B. 150 元

C. 160 元

D. 220 元

18. 银行是专门经营货币资本业务的特殊企业，其主要职能是（　　）。

A. 资产业务

B. 负债业务

C. 票据贴现

D. 货币借贷的中介

19. 银行利润的来源是 （   ）。

A. 产业工人在生产中创造的剩余价值

B. 银行职工创造的剩余价值

C. 贷款利息和存款利息的差额

D. 银行资本带来的收入

三、多项选择题

1. 借贷资本主要来源于 （   ）。

A. 职能资本家已投入使用的资本

B. 固定资本实物更新前的折旧费

C. 暂时未使用的原材料费

D. 准备用于支付工资的货币资本

E. 尚未积累到可以用于扩大再生产的剩余价值

2. 借贷资本来源于产业资本循环中产生的大量的闲置货币资本，主要包括 （   ）。

A. 厂房和机器设备等固定资本的折旧费

B. 资本家准备用于个人消费的资金

C. 准备用于支付工资及购买原材料的资本

D. 准备转移到别的生产部门的资本

E. 资本积累达到可用规模之前的剩余价值

3. 借贷资本 （   ）。

A. 具有特殊的运动形式 G—G'

B. 这种特殊的运动形式使它最具有拜物教性质

C. 是一种作为财产的资本

D. 是一种所有权资本

E. 是一种特殊的资本商品

4. 借贷资本作为一种资本商品，其特点在于 （   ）。

A. 它的使用价值具有生产利润的能力

B. 它的价格是利息

C. 它的转让方式是买卖

D. 它在消费中把价值转移到产品中去

E. 它的转让不包括所有权

5.职能资本包括（　　）。

A. 产业资本

B. 借贷资本

C. 商业资本

D. 银行资本

E. 股份资本

6. 利息是（　　）。

A. 借贷资本家凭借资本的所有权而获得的一种收入

B. 职能资本家使用借贷资本而付给借贷资本家的一种报酬

C. 平均利润的一部分

D. 大于平均利润

E. 等于平均利润

7. 借贷资本是一种资本商品，与普通商品的区别有（　　）。

A. 转让的方式不同

B. 消费的结果不同

C. 有无价格的不同

D. 有无利息的不同

E. 流通的方式不同

8. 借贷资本是一种资本商品，作为借贷资本的货币的使用价值是（　　）。

A. 和普通商品的使用价值一样

B. 充当一般等价物购买商品

C. 具有生产利润的能力

D. 所有权发生转移情形下的现实的使用价值

E. 以所有权为前提的一种特殊财产

9. 利息率的高低取决于（　　）。

A. 借贷资本的价格

B. 平均利润率的高低

C. 习惯和法律情况

D. 利润率的高低

E. 借贷资本的供求状况

10. 商业信用的局限性表现在 （   ）。

A. 信用规模受到单个资本数量的限制

B. 信用期限受到单个资本周转状况的限制

C. 信用范围受到商品流通渠道的限制

D. 信用提供的对象受到商品使用价值流转方向的限制

E. 不能适应商品经济进一步发展的需要

11. 关于银行信用的特点，以下判断正确的是 （   ）。

A. 发生在职能资本家之间

B. 为商品交易提供的信用

C. 提供的对象是货币资本

D. 它不受个别资本数量和周转的限制

E. 它不受商品使用价值流转方向的限制

12. 银行资本的构成包括 （   ）。

A. 银行资本家的自有资本

B. 银行贷款和存款的利息差额

C. 银行吸收的社会各阶层的货币存款

D. 货币资本

E. 银行的各项手续费收入

13. 银行利润率 （   ）。

A. 是通过竞争和资本在不同部门间的转移实现的

B. 一般相当于平均利润率

C. 是银行利润与银行自有资本的比率

D. 是银行利润与银行借入资本的比率

E. 是银行利润与银行全部资本的比率

14. 银行利润（　　）。

A. 来自贷款利息与存款利息的差额

B. 等于存贷款利息的差额与各种手续费的总和

C. 通常大于平均利润

D. 相当于平均利润

E. 是剩余价值的特殊转化形式

15. 银行业务主要包括（　　）。

A. 吸收社会存款

B. 票据贴现

C. 抵押贷款和信用贷款

D. 长期投资

E. 长期贷款

16. 股份公司（　　）。

A. 是通过发行股票的方式筹集资本经营的企业

B. 是与社会化大生产相适应的资本经营组织形式

C. 突破了单个资本数量有限的局限性

D. 股份公司最具代表性的是有限责任公司和股份有限公司两种形式

E. 是在资本主义大工业和信用制度发展的基础上产生的

17. "股份制是现代企业的一种资本组织形式，不能笼统地说股份制是公有还是私有"，这一观点说明（　　）。

A. 股份制是资本主义的产物

B. 股份制本身是中性的，不具有公有和私有的性质

C. 公有制与私有制都可以通过股份制这一形式来实现

D. 有公有制经济参股的就是公有制

E. 公有制经济占控股地位就具有明显的公有性

18. 股票（　　）。

A. 是证明持有者入股的所有权凭证

B. 是持有者领取股息收入的凭证

C. 其持有者无权将股票退回公司

D. 不能在市场上转让

E. 可以作为一种特殊商品进行买卖

19. 股票价格（　　）。

A. 是股息的资本化收入

B. 是资本化的股息

C. 与股息成正比

D. 与市场利息率成正比

E. 是股票价值的货币表现

20. 股票和债券都是有价证券，因为它们（　　）。

A. 都有价值和价格

B. 都能带来一定的收益

C. 都可以买卖，有价格

D. 都具有票面金额，代表资本所有权或债权

E. 没有价值，只是代表债权债务关系的凭证

四、判断题

1. 借贷资本就是银行资本。　　　　　　　　　　　　　　　（　　）

2. 借贷资本的来源主要是产业资本循环中产生的闲置货币资本。　（　　）

3. 借贷资本运动特征是从货币到更多的货币，其简单运动的公式是 G—G'，所以利息是货币本身产生的。　　　　　　　　　　　　（　　）

4. 利息作为资本商品的价格，实质上是资本价值的货币表现。　（　　）

5. 在职能资本家使用借贷资本的情况下，平均利润就被分割为借贷利息和企业利润两个部分。　　　　　　　　　　　　　　　　　（　　）

6. 在通常情况下利息必须小于平均利润，利息率必须小于平均利润率。
　　　　　　　　　　　　　　　　　　　　　　　　　　　（　　）

7. 虚拟资本是指以有价证券的形式存在的，能够给它的持有者定期带来一定收益的资本。　　　　　　　　　　　　　　　　　　　　（　　）

8. 虚拟资本没有价值，也没有价格，但能给它们的持有者带来一定收益。
　　　　　　　　　　　　　　　　　　　　　　　　　　　（　　）

五、辨析题

1. 借贷资本就是银行资本。

2. 企业利润是职能资本家管理企业和监督劳动的报酬。

3. 借贷资本也是资本，因此它得到的利息应当等于平均利润。

4. 在资本主义社会，产业资本家、商业资本家、借贷资本家，都是按照社会平均利润率获得平均利润的。

5. 银行资本家投资于银行所获得的利润相当于平均利润。

6. 现实资本和虚拟资本在质上不同，在量上相同。

六、计算题

1. 某产业资本家按 5% 的年利息率从借贷资本家手里借到 2 万元资本（一年以后归还），连同自有资本 6 万元进行生产，资本有机构成是 3∶1，m′= 100%，假定资本价值一次全部转移到产品中去。生产出的产品全部交付商业资本家出售，商业资本家经销这笔商品投入 2 万元资本。试计算：

（1）借贷资本家获得多少利息？

（2）产业资本家实际获得多少利润？

（3）商业资本家获得多少利润？

2. 某资本主义银行，自有资本 10.5 万元，吸收存款 90 万元，存款利息率为 3%，除用于银行业务开支 5000 元外，其余全部贷出，贷出利息率为 5%。试计算：

（1）该银行共有资本多少？

（2）贷出资本是多少？

（3）该银行的利润是多少？银行的利润率是多少？（利润率只保留到整数）

3. 某资本家有煤钢联营股份公司股票 10 张，票面金额 10 万元，该资本家凭股票每年可从公司领取股息总额为 1 万元，现在该资本家急需一笔现金要出卖股票。假定存款利息率为 5%，试问，这 10 张股票的价格总额是多少？

七、简答题

1. 借贷资本有哪些特点？

2. 什么是利息率？影响利息率的因素有哪些？

3. 什么是借贷资本？它是怎样形成的？

4. 什么是银行利润？它是如何形成的？

5. 商业信用的特点及其局限性是什么？

6. 银行信用的特点及银行利润的来源是什么？

7. 简述银行信用的概念及其信用业务。

8. 股票价格是如何决定的？

八、论述题

1. 试述借贷资本家如何以利息这种形式参与对剩余价值的瓜分。

2. 试述借贷资本的形成和平均利润的分割。

3. 借贷资本的本质和特点是什么？

4. 为什么银行资本家能获得平均利润？

九、阅读分析题（用所学政治经济学原理对其进行全面分析）

美国金融危机

伊拉克战争虽然暂时化解了美国国内的经济危机，但却没有从根本上改变美国资金流失、双赤字暴增、经济下滑的命运。打伊拉克时，美国的战争预算是 500 亿~600 亿美元，当时以为能速战速决。结果从 2003 年到 2009 年，美国在伊拉克待了整整 6 年，花费已经超过 8000 亿美元。伊拉克战争使美国国债、财政赤字和贸易赤字放大。这就是美国所面临的十分紧迫的形势。这一历史重任落在了美国的房地产上。美国政府 2000 年前后就做出了选择，号召美国人买房。美联储也采取了宽松的货币政策，不断降息，贷款利率很低，用房地产拉动美国经济，让美国经济继续保持繁荣。鼓动美国穷人去买房，制造房地产繁荣。用制造一个新的泡沫去堵另外一个泡沫留下的黑洞。

美国有 3.5 亿人口，还有很多人没买上房。先把有房的富人搜罗一遍，让他们最好再买别墅，让住小房的中产阶级换大房住。如果再进一步动员无房住的蓝领们买房，就会创造多大的房地产需求啊！次贷就一步一步产生了。

1. 商业银行放出次级贷款。

开始是信用级别高的人买房，后来优质客户越来越少，生意不好做，商业银行放宽了条件，让信用级别不那么高的人也能买房，把款贷出去就有钱赚。但是商业银行的规矩还在挡着。怎么办，做假！只要贷款人同意买房，虽然信用很差，但商业银行可以把他的信用记录填成优良，这就可以办理抵押贷款了。只不过商业银行贷给优质客户的利率是5%，而贷给信用级别低的人，利率是10%。这样的利差对商业银行就很有赚头。

商业银行对买不起房的人说，花30万美元买一套房子，交3万美元的首付就可以入住。几年后如果房价涨到50万美元，你把这房子卖了，还银行的本利30万，还有剩下20万美元的赚头。如果首付30%付不起，那就20%，或者10%，实在不行零首付也行。如果没有收入或收入不高，还不起月供，三年后再开始还就行，只是利息要高些。这样买不起房的人就能买得起房子了，买房的人多了起来，房价就往上涨。买房的人很高兴，既可以住房，还可以等待房产增值。买房人没有风险，因为商业银行用贷款已经替买房人把钱付了。

2. 商业银行把次级债卖给投资银行。

卖房人和买房人皆大欢喜。商业银行却承担着全部风险。而一旦房价下跌，买房人还不上钱，房子也不值钱了，银行就会面临巨大的亏损。这样商业银行就把所有的房贷集中在一起，形成了一种按揭证券（MBS），平常按揭利率是5%，次贷利率是10%，可以按6%利率卖给投资银行，可赚余下的4%。这样次级贷款的风险就从商业银行转移到投资银行。

3. 投资银行打包再卖给全世界。

投资银行购买存在利率只有1%这些按揭证券后，就开始设计金融衍生产品，它们也打了一个包，变成次级债券——债务抵押债券（CDO），银行规定次级债的利率为10%，卖给投资银行的大客户。就这样，次级债就卖到了全世界。

4. 为次级债上保险。

为了打消投资者购买投资银行次级债券的担心，投资银行就设计了一款新产品——信用违约掉期（CDS），这样买次级债的投资者如果担心风险，还可以买信用违约掉期，让保险公司承担一部分风险。如一个投资者买了50万美元的次级债券，他到保险公司去买信用违约掉期，交了

3%的保险费后，如果这边出问题，那边保险公司就负责包赔损失。如果不出问题，保险公司就大赚了一笔。这样次级债就大大方方地卖向了全世界。

就在美国资本集团和美国政府金融战争取得重大成功的时刻，却发生了一系列的金融危机事件：

2007年4月4日，新世纪金融公司申请破产保护。

2007年8月6日，美国第十大抵押贷款服务提供商——美国住宅抵押贷款投资公司申请破产保护。

2007年7月16日，华尔街第五大投资银行贝尔斯登关闭了手下的两家对冲基金，爆出了公司成立83年以来的首次亏损。2008年3月，美国联邦储备委员会促使摩根大通银行收购了贝尔斯登。

2008年9月7日，美国财政部不得不宣布接管房利美公司和房地美公司。

2008年9月15日，美国第四大投资银行雷曼兄弟控股公司申请破产保护。

2008年9月15日，美国银行发表声明，它愿意收购美国第三大投资银行美林公司。

2008年9月16日，美国国际集团（AIG）提供850亿美元短期紧急贷款。这意味着美国政府出面接管了AIG。

2008年9月21日，在华尔街的投资银行接二连三地倒下后，美联储宣布：把现在只剩下的最后两家投资银行，即高盛集团和摩根士丹利两家投资银行，全部改为商业银行。这样可以靠吸收存款来渡过难关了。

至此，历史在2008年9月21日这一天为曾经风光无限的华尔街上的投资银行画上了一个惊人的句号，"华尔街投资银行"作为一个历史名词消失了。

2008年10月3日，布什政府签署了总额高达7000亿美元的金融救市方案。

美国金融危机的爆发，使美国包括通用汽车、福特汽车、克莱斯勒三大汽车公司等实体经济受到很大的冲击，实体产业危在旦夕。

美国金融海啸涉及全球，影响了全世界。

资料来源：杨家旭. 2008年美国金融危机爆发的过程及诱因分析. http://baike.baidu.com/view/1903335.htm.

第九章　地租及其形式

一、概念题

1. 租金
2. 地租
3. 绝对地租
4. 土地私有权垄断
5. 级差地租
6. 级差地租Ⅰ
7. 级差地租Ⅱ
8. 土地价格

二、单项选择题

1. 在现代资本主义农业中，下列叙述中正确的是 （　　）。
   A. 剩余价值总量小于平均利润总量
   B. 剩余价值总量等于平均利润总量
   C. 剩余价值总量大于平均利润总量
   D. 两者的大小关系无法比较

2. 农业雇佣工人创造的剩余价值中，土地所有者获得 （　　）。
   A. 租金
   B. 地租
   C. 平均利润
   D. 价值

3. 地租来自农业工人创造的 （　　）。
   A. 全部剩余价值

B. 超过平均利润的那部分剩余价值

C. 农业中的平均利润

D. 农业中平均利润的一部分

4. 农产品的社会生产价格由（　　）决定。

A. 优等地的生产条件

B. 中等地的生产条件

C. 社会平均的生产条件

D. 劣等地的生产条件

5. 在农业资本有机构成低于社会平均资本有机构成的条件下，农产品的社会生产价格（　　）。

A. 大于农产品价值

B. 小于农产品价值

C. 等于农产品价值

D. 与农产品价值无关

6. 农业中产生的剩余价值（　　）。

A. 不参加全社会利润率的平均化

B. 参加全社会利润率的平均化

C. 全部归农业资本家

D. 全部归土地所有者

7. 级差地租是（　　）。

A. 农业工人创造的全部剩余价值

B. 农产品价值和生产价格的差额

C. 农产品社会生产价格和个别生产价格的差额

D. 农产品社会生产价格和成本价格的差额

8. 级差地租来源于农业工人创造的（　　）。

A. 超过平均利润以上的剩余价值

B. 小于平均利润的剩余价值

C. 绝对剩余价值

D. 相对剩余价值

9. 绝对地租产生的原因是（　　）。
A. 土地的数量有限并有优劣之分
B. 农业资本有机构成低于社会平均的资本有机构成
C. 土地的经营权垄断
D. 土地的私有权垄断

10. 级差地租产生的原因是（　　）。
A. 土地的等级差别
B. 土地经营权的垄断
C. 土地价格的垄断
D. 土地的有限性引起农产品价格的垄断

11. 形成级差地租第二形态的条件是（　　）。
A. 不同地块土地的肥沃程度不同
B. 不同地块土地的地理位置不同
C. 不同地块土地的交通条件不同
D. 同一块土地上连续追加投资产生不同的劳动生产率

12. 绝对地租产生的条件是（　　）。
A. 土地私有权的垄断
B. 农业资本有机构成低于社会平均资本有机构成
C. 土地的等级差别
D. 土地经营权的垄断

13. 农产品价值高于生产价格的余额形成（　　）。
A. 级差地租Ⅰ
B. 绝对地租
C. 垄断地租
D. 级差地租Ⅱ

14. 租种劣等地的农业资本家，需缴纳（　　）。

A. 级差地租

B. 绝对地租

C. 级差地租和绝对地租

D. 级差地租或绝对地租

15. 两块面积和肥沃程度相同的土地，一块离市场较近，一块离市场较远，租用前者比租用后者必须多交纳（　　）。

A. 级差地租 I

B. 级差地租 II

C. 绝对地租

D. 垄断地租

16. 垄断地租形成的条件是（　　）。

A. 土地私有权的垄断

B. 不同地块的肥沃程度不同

C. 不同地块距市场远近不同

D. 某种土地的特殊优越性和稀少性

17. 土地价格是（　　）。

A. 土地价值的货币表现

B. 资本化的地租

C. 农业资本家向地主缴纳的全部货币额

D. 级差地租和绝对地租的总和

18. 某块土地，地租为 200 万元，土地价格为 4000 万元。若银行存款利息率不变，该土地的地租增加到 300 万元时，银行存款利息率和土地价格分别是（　　）。

A. 5%、9000 万元

B. 5%、6000 万元

C. 6%、9000 万元

D. 6%、6000 万元

19. 农业资本家和土地所有者之间争夺的是（　　）。

A. 形成级差地租Ⅰ的超额利润

B. 形成级差地租Ⅱ的超额利润

C. 形成绝对地租的超额利润

D. 资本化的地租

20. 土地价格的高低是由（　　）。

A. 土地本身价值的大小决定的

B. 租金的多少决定的

C. 农业资本家得到的平均利润大小决定的

D. 地租和银行利息率的高低共同决定的

三、多项选择题

1. 地租体现着（　　）之间的阶级关系。

A. 工业资本家

B. 农业资本家

C. 土地所有者

D. 借贷资本家

E. 农业工人

2. 资本主义地租与封建地租的主要区别是（　　）。

A. 形成的经济条件不同

B. 体现的阶级关系不同

C. 形成的自然环境不同

D. 土地的肥沃程度不同

E. 包含剩余劳动的范围不同

3. 资本主义土地所有制的特点是（　　）。

A. 土地所有权和经营权有一定程度的分离

B. 土地所有权和经营权达到完全相分离

C. 土地所有权以人身依附关系为基础

D. 土地所有权与劳动者不存在人身依附关系

E. 土地所有权带有超经济强制的性质

4. 租金是指农业资本家在一定期限内向地主缴纳的全部货币额，它包括（　　）。

　　A. 地租

　　B. 土地上的固定资本折旧费

　　C. 利息

　　D. 农业资本家的一部分平均利润

　　E. 农业工人的一部分工资

5. 农业中产生的超额利润（　　）。

　　A. 经营优等地和中等地的农业资本家都能获得

　　B. 也将被平均化

　　C. 需要转化为地租

　　D. 只能在短期内获得

　　E. 可以较长期稳定地存在

6. 土地所有者从租种他的优等地的农业资本家那里获得的地租是农产品的（　　）。

　　A. 市场价格与成本价格的差额

　　B. 生产价格与成本价格的差额

　　C. 个别生产价格与社会生产价格的差额

　　D. 价值与生产价格的差额

　　E. 剩余价值与平均利润的差额

7. 级差地租第一形态形成的条件是（　　）。

　　A. 土地肥沃程度的差别

　　B. 农业的资本有机构成低于工业的资本有机构成

　　C. 不同地块地理位置的差别

　　D. 土地的经营权垄断

　　E. 在同一块土地上连续投资的劳动生产率不同

8. 级差地租（　　）。

　　A. 是与土地的等级差别相联系的地租

　　B. 由农产品的个别生产价格低于社会生产价格的差额形成

C. 租种劣等地必须缴纳的地租

D. 租种优等地和中等地必须缴纳的地租

E. 农业工人所创造的超过平均利润以上的那部分剩余价值

9. 绝对地租产生的原因和条件是 （　　）。

A. 不同地块土地肥沃程度的差别

B. 不同地块地理位置的差别

C. 对土地经营权的垄断

D. 对土地私有权的垄断

E. 农业资本有机构成低于工业资本有机构成

10. 需要缴纳绝对地租的土地有 （　　）。

A. 最差土地

B. 中等地和优等地

C. 距离市场最远的土地

D. 距离市场较近的土地

E. 新租种的土地

11. 绝对地租是 （　　）。

A. 经营任何土地都要缴纳的地租

B. 只有经营好的、较好的土地才会产生的地租

C. 农产品的社会生产价格和个别生产价格的差额

D. 农产品的价值和社会生产价格的差额

E. 对土地私有权垄断的结果

12. 决定土地价格高低的因素是 （　　）。

A. 平均利润率的高低

B. 剩余价值率的高低

C. 利息率的高低

D. 地租量的多少

E. 土地价值的大小

13. 资本主义农业中级差地租与绝对地租的区别在于 ( )。

A. 级差地租是与土地的等级相联系的地租, 绝对地租是租种任何土地都要缴纳的地租

B. 级差地租产生的条件是土地的等级差别, 绝对地租产生的条件是农业资本有机构成低于社会平均资本有机构成

C. 级差地租产生的原因是土地经营权的垄断, 绝对地租产生的原因是土地私有权的垄断

D. 级差地租和绝对地租都是农业工人创造的剩余价值

E. 级差地租和绝对地租都归农业资本家自己所有

14. 剩余价值的具体表现形式有 ( )。

A. 产业利润

B. 商业利润

C. 利息

D. 银行利润

E. 地租

四、判断题

1. 资本主义地租与封建地租一样体现土地所有者与农业工人两者的关系。

( )

2. 资本主义土地所有制的特点是土地所有权与土地经营权相分离。

( )

3. 资本主义地租是占有农业工人创造的全部剩余价值。 ( )

4. 绝对地租产生的原因是农业资本有机构成低于社会资本有机构成。

( )

5. 绝对地租来自农产品的价值和成本价格的差额。 ( )

6. 级差地租来自农产品的社会生产价格与个别生产价格的差额。 ( )

7. 在租约期限内, 形成级差地租 II 的超额利润由农业资本家获得。

( )

8. 平均利润和生产价格形成以后, 农产品就不再按它的价值而是按生产价格出售。 ( )

9. 在资本主义农业中, 剩余价值总额总是大于平均利润总额。 ( )

10. 在自然条件不同的土地上, 农业劳动生产率和生产量都不同, 从而缴

纳的地租量也不同。因此，级差地租是来自土地这种自然条件。　　（　　）

11. 只有垄断了优等地和中等地经营权的资本家才能获得超额利润，并以此向土地所有者缴纳级差地租。因此，级差地租是优等地本身创造的价值。

（　　）

12. 级差地租是农业中的超额利润，与工业中的超额利润是完全相同的。

（　　）

13. 在资本主义条件下，随着商品的普遍化，土地也成了买卖的对象，具有价格，土地价格是土地价值的货币表现。　　（　　）

14. 在劣等地上追加投资提高产量同样可以获得级差地租。　　（　　）

五、辨析题

1. 农产品按农业部门中等生产条件决定的生产价格出售。

2. 资本主义地租是农业资本家为取得土地使用权而交给土地所有者的一部分平均利润。

3. 级差地租形成的原因是土地私有权的垄断。

4. 你是否同意以下观点：在土地私有制条件下，土地经营者一定要向土地所有者缴纳地租，在土地公有制条件下，地租可以灵活存在。

六、计算题

1. 某农业资本家投资 12 万元租地办农场，其资本有机构成为 8∶4，m′ 为 100%，每年收获粮食 1000 担，每担粮食的社会生产价格是 156 元。在社会资本平均利润率为 20% 的条件下，该农业资本家每年获得的利润是多少？应向土地所有者缴纳级差地租是多少？绝对地租是多少？

2. 如果整个社会由三个部门构成，相应的资本有机构成为：工业为 80C+20V，服务业为 70C+30V，农业为 60C+40V，假定每个部门的剩余价值率均为 100%。

（1）如果资本可以自由流动，计算社会平均利润率。

（2）在农业部门中，农业资本家租种土地所有者的土地。现有不同的农业资本家，租种面积相等而肥沃程度不同的优、中、劣三块土地，均投入资本 100 元，产出的农产品数量分别为 19 担、16 担、13 担。请问：

①如果单位农产品的社会生产价格等于劣等地单位产品的生产价格，农产品按此社会生产价格出售，三块地的土地所有者得到的级差地租分别是多少？

②如果农产品按照劣等地农产品的价值出售，劣等地所有者得到的绝对地租是多少？

3. 三个农业资本家分别租种甲、乙、丙三块土地。假定三块土地肥沃程度相同，产量都是4担，在当地这三块地上的农产品各自的个别生产价格每担都是100元，市场价格由距离市场最远的农产品价格决定。甲、乙、丙三块地距市场分别为50公里、10公里、5公里，如果每公里运输费4元，问市场价格是多少？甲、乙、丙三块土地分别需要缴纳多少级差地租？

七、简答题

1. 简述资本主义地租的特征和本质。
2. 农业中形成级差地租的超额利润与工业中的超额利润有什么区别？
3. 为什么说绝对地租产生的原因是土地私有权的垄断？
4. 级差地租Ⅰ和级差地租Ⅱ有何联系和区别？
5. 马克思的地租理论告诉我们，农业资本家无论是租种优等地还是租种劣等地都只能获得平均利润。假如让你承包村里的土地，你是会选择承包优等地还是劣等地？为什么？
6. 土地价格是如何决定的？

八、论述题

1. 试述级差地租产生的原因、条件同绝对地租有何区别？二者的来源有何异同？
2. 试论当代农业的绝对地租的来源。

九、阅读分析题（用所学政治经济学原理对其进行全面分析）

承包户状告村委会违约强收地索赔百万

"承包土地时，村委会说是空白地，现在说是规划居住用地，强拆了温室大棚收回土地，造成我们直接经济损失近80万元"，李女士说。1月7日，李女士将昌吉市二六工镇十二分村村委会和二六工镇政府一并告上法庭，索赔130多万元。

庭审在昌吉市人民法院举行，当日，第一被告十二分村村主任赵其军和二六工镇政府有关人员出庭。

李女士介绍说，他们是2002年承包了十二分村30亩土地，合同期签了30年，随后陆续在土地上盖起了7座温室大棚用于种植花卉育苗。

可是从2013年3月开始，村上告知他们，该块土地是预留的村民宅基地，要求他们搬迁。因为土地置换没有达成协议，5月26日，十二分村雇了挖掘机将温室大棚强行拆除，花卉苗被毁坏掩埋。

记者看了李女士的合同，合同是十二分村村主任赵其军签订的，里面约定确实是30亩空白地，并规定一旦违约除了直接经济损失外，还将承担50万元的违约赔偿。

因此，李女士向法院提出60多万元花卉苗木的经济损失，14多万元的地上附属建筑物的损失和50万元违约金，以及鉴定公证等费用，合计130多万元。

在双方质证过程中，十二分村认为，该块承包地在居民住宅区的中心位置，是规划的村民居住用地，不是空白地，而且从2006年以后，李女士经营的花卉育苗已经处于停产荒废状态，地里根本没有什么名贵花卉，不该承担巨额赔偿。

"既然是预留的居民住宅用地，为什么还要承包出去搞开发，而且一签还是30年？"庭审法官发问。

村主任赵其军回答说，他不知道。二六工镇政府代表补充说，一块土地的性质不是村上决定，而是国土管理部门规定的，村上根本做不了主。

当日，十二分村五六名村民代表也来参加庭审，休庭时他们很激动地说，现在几十户村民都没有宅基地，无处安身，他们要回自己的土地，是集体行为，没有错。

赵其军也说，既然已经走到了司法程序，只能等着最后审判结果，其余的他不发表看法。

而二六工镇相关领导则表示，近几年农村规划建设在不断完善、不断变化，尤其是随着经济的快速发展，以前的空地都逐渐变成了热地，七八年前的事情当时谁也说不准。

记者发现，在当初村委会和李女士签订的合同相当粗略，尤其是对违约赔款方面更是很不细致，也不认真。

李女士的代理律师姬律师说，从合同可以看出，当时村委会为招商引资，几乎没有什么条件，谈判一律答应，合同很粗糙，与政府打官司相对普通的合同违约案件来说要难一些，即使能打赢官司，拿钱也是大难题。

当日，庭审进行了一半，法官通知择日继续审理。

资料来源：马永平. 承包户状告村委会违约强收地索赔百万. http://blog.sina.com.cn/s/bl og_7f0b1eec0101ivvx.html.

第十章 垄断资本及其发展

一、概念题

1. 垄断
2. 垄断利润
3. 垄断高价
4. 垄断低价
5. 金融资本
6. 金融寡头
7. 国家垄断资本主义
8. 经济全球化

二、单项选择题

1. 垄断资本主义取代自由竞争资本主义，表明资本主义生产关系（　　）。
A. 发生了根本变化
B. 已经自我否定
C. 仍无任何变化
D. 本质未变，但有局部调整

2. 自由竞争和生产集中的关系是（　　）。
A. 自由竞争引起生产集中
B. 生产集中引起自由竞争
C. 生产集中限制了自由竞争
D. 生产集中消灭了自由竞争

3. 垄断形成的物质基础是（　　）。
A. 资本集中

B. 生产集中

C. 资本社会化

D. 生产社会化

4. 各国垄断组织从经济上瓜分世界产生了（　　）。

A. 国家垄断资本主义

B. 国际垄断同盟

C. 金融资本和金融寡头

D. 殖民地和宗主国

5. 垄断的实质是（　　）。

A. 独占

B. 腐朽性

C. 获取垄断利润

D. 寄生性

6. 垄断的目的是为了获得（　　）。

A. 垄断地位

B. 超额利润

C. 垄断利润

D. 高额的平均利润

7. 垄断利润主要是通过（　　）。

A. 采用新技术而获得超过平均利润的高额利润

B. 改善劳动组织而获得的高额利润

C. 垄断地位而获得超过平均利润的高额利润

D. 市场价格波动而获得的高额利润

8. 垄断的银行资本和垄断的工业资本融合或混合生长而形成的资本形式是（　　）。

A. 产业资本

B. 商业资本

C. 借贷资本

D. 金融资本

9. 在垄断资本主义阶段，占统治地位的资本是（　　）。

A. 产业资本

B. 银行资本

C. 工业资本

D. 金融资本

10. 金融寡头在经济上的统治主要是（　　）。

A. 通过"参与制"实现的

B. 通过"个人联合"实现的

C. 通过信贷业务实现的

D. 通过金融联系实现的

11. 国家垄断资本主义是（　　）。

A. 国家统治下的资本主义

B. 国家规定产量的资本主义

C. 国家规定商品价格的资本主义

D. 国家同垄断资本相结合的资本主义

12. 国家垄断资本主义的实质是（　　）。

A. 垄断资本同国家政权相结合

B. 国家直接掌握垄断资本

C. 国有资本和私人资本在企业内、外部的结合

D. 私人垄断资本利用国家机器来为其发展服务的手段

13. 国家垄断资本主义得到广泛、迅速发展是在（　　）。

A. 资本主义建立初期

B. 第一次世界大战后

C. 资本主义第一次经济危机时期

D. 第二次世界大战后

14. 国家垄断资本主义对经济进行调节代表着（　　）。

A. 金融寡头的经济利益

B. 国有或半国有企业的经济利益

C. 中小资本家的经济利益

D. 垄断资产阶级的整体利益

15. 资本社会化的高级形式是（　　）。

A. 私人资本

B. 垄断资本

C. 国家垄断资本

D. 金融资本

16. 在当前资本主义国内垄断组织的重要形式是（　　）。

A. 辛迪加

B. 托拉斯

C. 康采恩

D. 混合联合公司

17. 垄断资本主义时期的一个重要经济特征是（　　）。

A. 商品输出

B. 科学技术输出

C. 资本输出

D. 劳务输出

18. 20 世纪 60 年代后，国际垄断组织的主要形式是（　　）。

A. 国际卡特尔

B. 国际辛迪加

C. 国际托拉斯

D. 跨国公司

19. 垄断利润的获得，主要是通过（　　）。

A. 垄断价格实现的

B. 自由竞争实现的

C. 市场调节实现的

D. 行政干预实现的

20. 垄断利润的最终来源是（　　）。

A. 垄断资本家的垄断地位

B. 工人阶级和其他劳动人民创造的剩余价值

C. 垄断资本家使用先进设备

D. 资产阶级政府提供的高额补贴

21. 在垄断资本主义阶段（　　）。

A. 垄断完全排除了竞争

B. 垄断和竞争并存，凌驾于竞争之上

C. 只存在垄断组织之间的竞争

D. 只存在非垄断组织之间的竞争

22. 国家垄断资本主义是资本主义国家（　　）。

A. 与私人垄断资本相结合的资本主义

B. 掌握全部私人垄断资本的资本主义

C. 掌握全部社会垄断资本的资本主义

D. 通过投资实现全部资本国有化的垄断资本主义

23. 国家垄断资本主义的产生从根本上说是（　　）。

A. 生产高度社会化和资本主义基本矛盾尖锐化的结果

B. 资本主义国家实行生产资料全部国有化的结果

C. 科学技术发明的必然产物

D. 商品经济发展的结果

24. 国家垄断资本主义发展的基础是（　　）。

A. 国有垄断资本

B. 资本输出

C. 私人垄断资本

D. 资产阶级国家

25. 当代主要发达资本主义国家经济政治联合体的典型形式是（　　）。

A. 欧洲联盟

B. 黑海经济合作区

C. 亚太经济合作组织

D. 非洲经济共同体

26. 战后资本国际化的主要组织形式之一是 （　　）。

A. 混合联合公司

B. 跨国公司

C. 卡特尔

D. 托拉斯

三、多项选择题

1. 垄断的产生是 （　　）。

A. 少数资本家追逐利润的必然结果

B. 少数资本家追逐超额利润的必然结果

C. 少数资本家追逐平均利润的必然结果

D. 少数资本家追逐垄断利润的必然结果

E. 自由竞争引起生产集中发展到一定阶段的必然结果

2. 垄断价格是 （　　）。

A. 垄断组织凭借其垄断地位规定的价格

B. 生产成本加垄断利润

C. 垄断资本家随心所欲地规定的价格

D. 对价值规律的否定

E. 包括垄断高价和垄断低价

3. 金融资本形成的主要途径是 （　　）。

A. 垄断的银行资本向垄断的工业资本渗透

B. 垄断的工业资本向垄断的银行资本渗透

C. 银行垄断组织与工业垄断组织进行人事交流

D. 大银行兼并中小银行

E. 若干中小银行联合成为大银行

4. 作为完整生产体系的国家垄断资本主义，国家同私人垄断资本在企业外部相结合的具体方式有（　）。

A. 用市场以外的方法影响商品价格

B. 运用宏观财政政策和宏观货币政策调节社会经济

C. 运用收入政策调节

D. 运用产业政策调节

E. 经济计划化调节

5. 垄断利润具体来源于（　）。

A. 垄断企业雇佣工人创造的剩余价值

B. 非垄断企业雇佣工人创造的部分剩余价值

C. 小生产者创造的一部分价值

D. 掠夺殖民地、附属国人民创造的部分价值

E. 通过国家财政进行有利于垄断资本的再分配

6. 垄断利润是（　）。

A. 垄断资本家凭借其垄断地位而获得的

B. 超过平均利润的高额利润

C. 通过自由竞争而获得的平均利润

D. 通过垄断价格而实现的利润

E. 由垄断组织先进的机器设备带来的

7. 垄断组织的形式有（　）。

A. 卡特尔

B. 辛迪加

C. 托拉斯

D. 康采恩

E. 混合联合公司

8. 金融资本是（　）。

A. 工业资本与银行资本合并成长的资本

B. 垄断工业资本与垄断银行资本综合成长的资本

C. 在垄断资本主义条件下占统治地位的资本

D. 通过参与制在经济领域进行统治的资本

E. 只在经济领域而不在政治领域实现统治的资本

9. 国家垄断资本主义的形成和发展（   ）。

A. 是私人垄断资本和国家政权相互融合的产物

B. 没有给资本主义经济带来促进作用

C. 在相当大程度上促使各主要资本主义国家经济得以较快发展

D. 也给资本主义经济带来一系列新问题、新矛盾

E. 表明资本主义生产关系发生了某些质变

10. 垄断资本要求国家干预经济生活的原因是（   ）。

A. 生产过剩问题日趋严重，需要借助国家力量以扩大国内外市场

B. 社会化大生产要求国民经济协调发展，需要国家参与经济调节

C. 国内垄断资本需要国家支持以加强竞争的能力

D. 社会化大生产需要巨额投资，要求国家直接经营或资助

E. 科学技术研究的社会化，需要国家出面组织和投资

11. 垄断资本主义国家输出资本的必要性在于（   ）。

A. 出现了大量过剩资本需要找出路

B. 为了占领更多的国外市场

C. 为了从国外获得廉价的原材料

D. 为了获得国外的廉价劳动力

E. 为了帮助落后国家振兴经济

12. 资本输出是（   ）。

A. 垄断资本主义的特征之一

B. 带动商品资本输出的强有力杠杆

C. 获取海外利息和商业利润的重要手段

D. 引起国内生产和技术停滞的原因之一

E. 资本和生产国际化的具体表现

13. 资本主义国家调节经济的主要方式是（   ）。

A. 通过国家所有制直接参与生产过程

B. 通过国家财政对国民收入进行再分配

C. 通过货币信贷活动干预和调节社会经济

D. 通过实行"经济计划化"对整个国民经济进行调节

E. 通过对私人企业进行直接管理来调节社会经济生活

14. 国际经济一体化的组织形式有 （ ）。

A. 自由贸易区

B. 关税同盟

C. 共同市场

D. 经济同盟

E. 完全的经济一体化

15. 关于国际经济一体化的论述，下列正确的是 （ ）。

A. 是生产国际化和资本国际化发展的结果

B. 是由政府出面组织的区域性国家经济联合集团

C. 其核心是建立自由流动的共同市场

D. 协调了成员国之间的关系，促进了成员国经济的发展

E. 完全消除和解决了成员国之间的矛盾和问题

16. 跨国公司通过对外直接投资，可以 （ ）。

A. 获取巨额垄断利润，支持母国经济发展

B. 带动母国商品输出，促进生产增长和就业水平提高

C. 给输入国带来先进的技术和管理经验

D. 帮助输入国发展民族经济

E. 配合母国政府影响国际经济和政治

17. 国际垄断同盟的形式主要有以下几种类型 （ ）。

A. 国际卡特尔

B. 国际辛迪加

C. 国际托拉斯

D. 国际康采恩

E. 跨国公司

四、判断题

1. 垄断是自由竞争的必然产物。垄断代替了自由竞争是帝国主义阶段最重要的特征，所以垄断必然消灭竞争。　　　　　　　　　　　（　）

2. 垄断价格越高，垄断利润就越大。所以，垄断资本家为了获取更大的利润，便任意抬高垄断价格。　　　　　　　　　　　　　（　）

3. 垄断价格是垄断资本家凭借垄断地位制定的，大大高于生产价格或价值，这就意味着违背和否定了价值规律。　　　　　　　　　（　）

4. 垄断条件下资本不能在部门之间自由流动，因而不存在利润率平均化规律。　　　　　　　　　　　　　　　　　　　　　　（　）

5. 垄断资本主义国家对经济的宏观管理和调节代表着每一个资本家的利益。　　　　　　　　　　　　　　　　　　　　　　（　）

五、辨析题

1. 生产集中发展到一定阶段就自然而然地走到垄断。

2. 垄断价格是垄断资本家凭借垄断地位随心所欲规定的价格。

3. 金融资本是银行资本和工业资本相融合而形成的一种新型资本。

4. 国家垄断资本主义是资本主义生产关系变革的产物。

5. 跨国公司是国际卡特尔这种国际垄断组织的发展和完善。

六、简答题

1. 垄断是怎样形成的？

2. 简述垄断利润的来源。

3. 垄断价格背离商品的价值或生产价格，为什么说垄断价格的出现并没有也不可能否定价值规律？

4. 简述"二战"后国家垄断资本主义迅速发展的原因。

5. 跨国公司产生和迅速发展的原因是什么？

七、论述题

1. 为什么说垄断的形成是自由竞争发展的必然结果？

2. 何谓金融资本和金融寡头？金融寡头如何实现其统治？

3. 试述垄断资本主义时期的竞争与自由竞争时期的竞争有何不同？

4. 试述国家垄断资本主义的双重作用是什么？

八、阅读分析题（用所学政治经济学原理对其进行全面分析）

"一个机构是一个人影响力的延伸。"如果的确如此，那么在摩根财团，这个具有早期影响力的人就是乔治·皮博迪（George Peabody）和朱尼厄斯·摩根（Junius Morgan，简称 J.S.摩根），乔治·皮博迪是摩根财团的创始人，他创办了皮博迪公司，并且成功地将 J. S. 摩根吸纳进来，从此以后，皮博迪——摩根的金融大厦在英伦大地上迅速拔地而起，不久以后他们的金融王朝快速超越了 Rothschild 和 Baring。当乔治·皮博迪逐渐老去，J.S.摩根抓住时机，把皮博迪公司易名为 J.S.摩根公司，作为摩根财团始祖。他第一次把"摩根"家姓刻在了世界金融发展的里程碑上。

1901 年，被后人俗称为老摩根、J.P.摩根的约翰·皮尔庞特·摩根〔John Pierpoint（Morgan），1837 年 4 月 17 日至 1913 年 3 月 31 日〕重组了美国钢铁公司。在此之前，他收编了船王兼铁路巨头范德比尔特的产业、Andreus Carnegie 的钢铁公司和洛克菲勒的铁矿厂，投资了爱迪生的通用电气。这一年，他组建了世界上最大的私人船队，让航运大国英国和德国惊慌失措。这一年，皮尔庞特完成了他重组美国、重组世界的愿望。

摩根财团的神秘之所以引人入胜，欲罢不能，正是由于它与政府盘根错节的联系。和古老的罗斯柴尔德家族、巴林家族一样，摩根财团渗透到了许多国家的权力结构之中，尤其是美国、英国、法国，还有意大利、日本和比利时。即使在今天，与其他银行相比，J.P.摩根银行与各国中央银行的关系也许仍是最为密切的。今后再也不会有哪家银行能像老牌的摩根财团那样强大、那样神秘、那样富有。20 世纪摩根所代表的一切，在 21 世纪任何一家公司都无法使之再现。往日的银行世界——垄断的财富与权力、令人炫目的艺术藏品、豪华的远洋游艇以及与国家元首情同手足、君临天下的银行家们，一切的一切，都从我们的视野中渐渐远去了。

总统找财团靠山是必然的事情，财团间的斗争也是必然的事情。话说罗斯福和摩根财团有比较深刻的私怨，而洛克菲勒和摩根财团的私怨也很深，虽说财团斗争都是既斗争又妥协，不太会孤注一掷到影响整个国家的安定，但这两家的恩怨导致两家财团的斗争已经越过财团斗争的潜规则了，过了红线了，之前多次斗争已经影响到整个美国的安定和发展了，而且双方多次斗到孤注一掷，到了不成功就元气大伤的地步，连大规模抢银行这样的恐怖行为都出现了，连带整个国家都动荡不休，实在不是财团斗争应有的姿态。

200多年来，作为美国金融的丰碑，摩根财团一直位于美国十大财团的核心，而其他财团则不断进入或者被挤出十大财团之列。其间，虽然经历历次大危机，摩根财团依然担任美国央行的角色长达150年。直至美联储建立早期，J.P.摩根就是美国事实上的中央银行。一个庞大的金元帝国，让他成为了工业界的仲裁者，成为了金融界的庇护人。直到1929年的经济崩溃，整个业界首先想到的还是J.P.摩根。然而，美联储终究开始承担经济危机的解决者。1933年银行法的出台标志着摩根财团开始走下神坛。时代转变，财团终究拗不过政府。

资料来源：翔鸿.摩根财团之皮尔庞特隐权力.http://www.bookdao.com/book/1279806/，好评推荐.

第二部分　习题参考答案

第一章 导论

一、概念题

1. 生产力：即人们征服自然、改造自然的能力，生产力包括三个最基本的要素，即劳动者的劳动、劳动对象、劳动资料。

2. 生产关系：有狭义和广义之分。狭义的社会生产关系是指人们在物质资料直接生产过程中结成的相互关系；广义的社会生产关系是指狭义生产关系、分配关系、交换关系和消费关系四个方面经济关系的总和。

3. 劳动资料：即人们用来加工劳动对象，生产物质产品所需要的一切物质条件。劳动资料由两大部分构成：一部分是生产工具；另一部分是生产工具之外的一切可以利用来生产的物质资料，如道路、河流、厂房、各类容器等。其中主要是生产工具，它是生产力发展水平的重要标志。

4. 劳动对象：即人们在生产过程中直接加工改造的对象。劳动对象有两类：一类是人类劳动加工过的生产物，通常称为原材料；另一类是没有经过人类劳动加工过的自然物质。

5. 经济基础：即一定社会形态下的社会生产关系的总和。

6. 上层建筑：即建立在经济基础之上的政治法律制度以及与它相适应的政治、法律、哲学、宗教、文艺等意识形态。

7. 经济规律：即一定社会中各种经济现象和经济过程内在的、本质的和必然的联系。经济规律具有客观性，是不以人的意志为转移的，人们只能认识、利用它，不能创造、改变它。

二、单项选择题

1. D	2. C	3. C	4. D	5. B
6. C	7. A	8. D	9. C	10. B
11. B	12. C	13. D	14. C	15. B

三、多项选择题

1. ABCDE	2. ABCD	3. AB	4. BCD	5. ABCDE
6. ABDE	7. ABDE			

四、判断题

1. ×	2. ×	3. √	4. ×	5. ×
6. ×	7. √			

五、辨析题

错误。与自然规律相比，经济规律有两个主要特点：一是经济规律会随经济条件的变化而变化；二是经济规律发挥作用会受到人的认识能力和利益关系的制约。

六、简答题

1. 与资产阶级政治经济学相比，马克思主义政治经济学具有哪些特点？

答：与资产阶级政治经济学相比，马克思主义政治经济学具有三大主要特点：

第一，马克思主义政治经济学与资产阶级经济学的根本区别在于它的辩证唯物主义和历史唯物主义的世界观和方法论；第二，马克思主义政治经济学的研究对象是在对古典政治经济学的批判过程中确立的；第三，马克思主义政治经济学是无产阶级政治经济学，它是为无产阶级的利益和人类解放事业服务的。

2. 为什么经济规律是客观的？与自然规律相比它有哪些特点？

答：经济规律具有客观性是因为：首先，经济规律的经济条件是客观的。作为经济规律形成的社会经济条件主要是指社会生产力的发展状况和水平、生产资料所有制关系以及由它决定的分配、交换、消费关系等，有什么样的经济条件便会产生与之相适应的经济规律。其次，经济规律是不以人的意志为转移的，不管人们是否认识到经济规律的存在和作用，经济规律总是不以人们意志为转移地发挥着它的作用。最后，经济规律的作用带有强制性，人们必须承认和尊重经济规律，按照经济规律办事，任何违背经济规律的行为都会受到经济规律的惩罚。

与自然规律相比，经济规律具有三个主要特点：其一，大多数经济规律都不是长久不变的，它们只在一定的历史阶段发生作用，随着经济条件的变化而变化。其二，经济规律的作用，必须通过人的经济行为和经济活动而得到发挥，并直接涉及人们的物质利益。其三，认识和利用经济规律具有阶级背景，在阶级社会中，由于经济规律的认识和利用直接关系到人们的经济利益，因此不同的阶级对待同一经济规律的认识和利用往往具有截然不同的态度。

3. 按照经济规律发挥作用的社会经济条件不同，经济规律可以区分为哪些类型？

答：经济规律可以有多种分类方法，按照经济规律在发挥作用的社会经济条件不同，经济规律大致可以区分为三种类型：其一，所有社会共有的经济规律。这是在任何社会中都普遍起作用的经济规律，例如，生产关系一定要适应生产力发展要求的规律、劳动生产率不断提高的规律、社会劳动按比例分配规律，等等。其二，几个社会形态共有的经济规律。这是在具有某种相同经济条件的几种社会形态中共同起作用的经济规律，例如，商品经济社会共有的价值规律以及与之相联系的供求规律、竞争规律、货币流通规律等，它们存在于奴隶社会、封建社会、资本主义社会和社会主义社会。其三，一种社会形态特有的经济规律。这是只在一个特定社会形态中起支配作用的经济规律，如资本主义社会中的剩余价值规律和社会主义社会中的按劳分配规律，等等。

七、论述题

1. 生产与交换、分配、消费的相互关系是什么？

答：生产、交换、分配和消费共同构成社会生产总过程的四个环节，在这四个环节中，生产决定交换、分配和消费，而交换、分配和消费会反作用于生产。生产的性质、规模和结构决定交换、分配和消费的性质、规模和结构，而交换的成功与否、分配的合理与否和消费的质量如何，都会反过来对生产产生促进或阻碍作用。从社会生产关系角度来看，社会生产关系的四个方面是密切联系、相互影响的。狭义的生产关系是基础，它决定着分配关系、交换关系和消费关系。另外，分配关系、交换关系和消费关系又存在着相对独立性，并对生产关系具有反作用。

2. 试分析马克思主义政治经济学研究对象的特点。

答：（1）马克思主义政治经济学研究对象是社会生产关系及其运动规律。

（2）马克思主义政治经济学研究的起点和终点都是人，认为经济学是一门社会科学，经济运行的方式是变化发展的，其在不同的经济关系下具有独特的社会内容和运行形式。

（3）马克思主义政治经济学，其一，以物质和文化生产力的发展为出发点；其二，重点研究资本主义的经济关系和经济制度；其三，阐述的主要是制度和理论层面，而非技术和应用层面。

八、阅读分析题

答："大跃进"、"人民公社"运动以及随之而来的"放卫星"、"大炼钢铁"、"吃大锅饭"、"大饥荒"现象，至少在以下两个方面违背了马克思主义政治经济学原理：

第一，人为地制造一种超越生产力发展水平的生产关系。马克思主义政治经济学原理告诉我们，生产力与生产关系存在一种辩证关系，即生产力决定生产关系，生产关系反作用于生产力。适应生产力水平的生产关系会促进生产力发展，反之则会制约和破坏生产力发展。在人民公社中形成的生产关系，是一种以"一大二公"为特征的生产关系，即求大求公。而我国当时农村的生产力水平，处于一种刚刚结束半殖民地半封建社会的小农经济、手工劳动为主的状态，这种"一大二公"的生产关系显然超前了，因此它对社会生产力的破坏作用也是显而易见的。具体来说，就是"人民公社"制约了农村基层组织及农民的生产积极性，"大炼钢铁"全面破坏了企业、农村、居民家庭的经济基础，"大锅饭"吃空了国家的粮食储备，因此随之而来的"大饥荒"在所难免。

第二，用政治运动的方式进行经济建设工作，违背了经济规律。经济规律具有客观性，即其存在的条件是客观的，其作用也是客观的，具有不以人们的意志为转移的强制性。经济工作只能依据现实的经济条件，遵循全面、稳步、协调发展的原则，采取经济手段有条不紊地进行，如果不考虑既定的生产力水平和经济基础现状，用战争年代的那种人海战术、群众运动的方式，靠强大的政治力量强行推进，显然有悖于客观经济规律，也必将遭到客观经济规律的惩罚。具体来说，就是"大炼钢铁"炼出来的都是些基本上不能使用的土钢、土铁，造成了城乡人力、物力、财力的巨大浪费和损失。

第二章　商品经济的一般理论

一、概念题

1. 商品：商品是用来交换的劳动产品，商品从外在形式上看是千差万别的，但它的内在形式则统一由二因素——使用价值和价值构成，所以商品是使用价值和价值的对立统一体。

2. 交换价值：交换价值是一种使用价值同另一种使用价值相交换的量的关系或比例，这种比例随着时间和地点的不同而不断改变。商品价值是交换价值的基础或内容，交换价值是价值的表现形式。

3. 抽象劳动：撇开劳动具体形式的无差别的人类一般劳动，体现商品生产者之间的经济关系，是劳动的社会属性。

4. 价值：凝结在商品中的无差别的人类一般劳动，体现商品生产者之间相互比较劳动和交换劳动的经济关系，是商品的社会属性。

5. 社会必要劳动时间：社会必要劳动时间是在现有的社会正常的生产条件下，在社会平均的劳动熟练程度和劳动强度下制造某种使用价值所需要的劳动时间，社会必要劳动时间是在商品生产者背后通过市场上无数次交换而自发形成的，它决定着商品的价值量。

6. 复杂劳动：需要经过专门培养和训练、具有一定文化知识和技能的劳动者才能从事的劳动。

7. 相对价值形式：是处于"简单的或偶然的价值形式"公式左边的商品，即价值需要通过其他商品的使用价值表现出来的商品。在交换过程中，相对价值形式不仅要表现出价值，而且还要表现出价值量。

8. 等价形式：是处于"简单的或偶然的价值形式"公式右边的商品，即用自身表现其他商品价值的商品。作为等价形式应具备三个特点：第一，使用价值成为价值的表现形式；第二，具体劳动成为抽象劳动的表现形式；第三，私人劳动成为社会劳动的表现形式。

9. 价格标准：价格标准是计量货币的单位及其等分，是货币在执行价值尺度时能准确表现各类商品不同价值量的必要手段，是各国通过法律规定的。

10. 支付手段：是货币用来清偿债务或支付赋税、租金、工资等的职能，其起因于赊账的商品交易。货币的支付手段职能兼有价值尺度和流通手段的双重作用，它一方面促进了商品经济的发展，另一方面也扩大了商品经济的内在矛盾。

二、单项选择题

1. A	2. D	3. B	4. C	5.A
6. C	7. C	8. A	9. A	10. B
11. B	12. B	13. D	14. C	15. B
16. C	17. B	18. D	19. A	20. C
21.C	22.C			

三、多项选择题

1. ABCDE	2. ABCDE	3. ABCE	4. ADE	5. AD
6. ACD	7. ABCDE	8. ACE	9. ADE	10. ACD
11. AB	12. ABCD	13. CD	14. ACDE	15. BCDE
16. ABDE	17. ABCDE	18.ABE	19.BCDE	20.ABCE

四、判断题

1. ×	2. √	3. ×	4. ×	5. ×
6. ×	7. √	8. ×	9. ×	10. ×
11. √	12. √	13. ×	14. √	15. √

五、辨析题

1. 错误。商品的二因素（使用价值、价值）虽然分别由具体劳动和抽象劳动创造，但具体劳动和抽象劳动创造不是"两种不同的劳动"，而是同一种、同一次劳动的两个方面，无论在时间上还是空间上都是不可分的。

2. 错误。商品和天然物品之间的区别，在于天然物不是劳动产品，因此其有使用价值而没有价值，而商品既有价值又有使用价值。

3. 正确。价值是抽象劳动的凝结，任何劳动都是在一定的社会条件下进行的，因此总是反映了商品生产者相互交换劳动的社会关系。

4. 错误。商品的社会必要劳动时间不是通过计算得出来的，而是通过生产该商品的同类企业在市场上千百次的商品交换确定的。

5. 错误。尽管人们进行商品交换的目的，是为了得到对方商品的使用价值，但具有差异性的使用价值却无法将不同的商品从根本上联系起来并进行量的比较，能将各类不同的商品联系起来的共性，只能是凝聚其中的无差异的一般人类劳动，即价值。因此，商品能够进行交换的根本原因是因为都具有价值。

6. 错误。价格是价值的货币表现，但引起价格的变化原因不仅仅局限于价值的变化，而是多方面的，如供求状况变化、政局出现动荡、战争爆发等因素都会引起价格波动，所以不能说价格发生变化价值就一定发生了变化。

7. 错误。收购站里的废品，其原形态商品的使用价值和价值消失了，但它们作为再生产品的原材料的价值和使用价值依然存在，所以废品不仅有价值，而且还有使用价值。

8. 正确。在商品经济中，人们自己所处的一定的社会关系是以商品形式和商品价值关系来表现的。

9. 正确。（1）货币的出现使商品世界分成了两极：一极是各种各样的商品，它们都有特殊的使用价值，要求转化为价值；另一极是货币，它直接以价值的化身出现，可以代表任何一种商品的价值。

（2）货币的出现，使一切商品都必须转化为货币，它的价值才能得以实现。这使得商品交换能以最高效率和最低成本进行，从而极大地促进了商品交换的发展。

六、计算题

1. 答：设该商品今年价值为 X，由于商品价值量与社会劳动生产率成反比，则该商品去年价值比该商品今年价值，会等于今年生产该商品的社会劳动生产率比去年生产该商品的社会劳动生产率，即 1∶X = 1.25∶1，故 X = 1∶1.25 = 0.8。

所以该商品今年价值为 0.8 元。

2. 答：如果不考虑赊销商品、到期支付与互相抵消支付总额等因素，那么一年所需货币流通量 = 一年内售出商品的价格总额/每元货币的年平均流通次数 = 2400 亿元/8 = 300 亿元，而当年发行纸币的数量为 200 亿元，少发行了 50%，所以当年纸币升值了 50%。

七、简答题

1. 为什么说商品是使用价值与价值的矛盾统一体？

答：商品是使用价值和价值的对立统一体，其统一性表现在：两者互为依存、互为条件，缺一不可。没有使用价值的物品，尽管生产时花费了劳动，但不能形成价值，因而不是商品。反之，只有使用价值而不是劳动产品的物品，如阳光、空气等，由于其中没有劳动的凝结，所以没有价值，也不是商品。使用价值与价值的对立性表现在：两者是相互排斥的，它们不能同时存在于生产者或消费者手中。只有通过交换，商品的内在矛盾（使用价值与价值的对立）才能得到解决。

2. 简述具体劳动和抽象劳动的联系与区别。

答：具体劳动和抽象劳动的联系是：具体劳动和抽象劳动是生产商品的同一劳动的两个方面，而不是两次劳动，更不是两种劳动。无论在时间上还是在空间上，具体劳动和抽象劳动都是不可分的。具体劳动和抽象劳动的区别是：①作用不同，具体劳动创造商品的使用价值；抽象劳动创造商品的价值。②反映的关系不同，具体劳动是劳动的自然属性，反映人与自然的关系；抽象劳动则是劳动的社会属性，反映人与社会的关系。③时间范畴不同，具体劳动是永恒性范畴；抽象劳动则是商品生产所特有的历史范畴。

3. 为什么说私人劳动与社会劳动的矛盾是商品经济的基本矛盾？

答：当商品生产者生产的商品不符合社会需要而卖不出去时，当商品生产者生产商品超过社会需要的数量或生产商品的个别劳动时间大于该商品的社会必要劳动时间时，就会产生私人劳动和社会劳动之间的矛盾。

私人劳动与社会劳动之间的矛盾之所以是商品经济的基本矛盾，是因为：

第一，私人劳动和社会劳动的矛盾，是商品各种内在矛盾的根源。当商品在市场上卖不出去，使价值无法通过交换价值得到表现，从而价值无法实现，不同质的具体劳动也就无法转化为同质的抽象劳动，这样就产生了使用价值与价值的矛盾以及具体劳动与抽象劳动的矛盾。

第二，私人劳动和社会劳动的矛盾，决定着私有制商品生产的产生和发展的全过程。私人劳动和社会劳动的矛盾如能顺利解决，就会推动商品生产的规模和范围不断扩大，反之如果激化到不可调和的地步，就会消灭私有制为基础的商品经济。

第三，私人劳动和社会劳动的矛盾决定商品生产者的命运。商品生产者的私人劳动能否转化为社会劳动，以及在多大程度上转化为社会劳动，关系到商品生产者的兴衰与成败。

4. 金银最适合充当货币材料的原因是什么？

答：金银最终能成为货币，首先是因为其本身也是商品，也有价值和使用价值。金银之所以最适合充当货币材料，原因在于它的自然属性，与其他商品相比具有一定的特殊性：一是体积小、价值大，便于收藏和携带；二是不易腐烂变质，便于长期保存；三是硬度小，易分割和合并，质地均匀。因此，马克思指出："金银天然不是货币，但货币天然是金银。"

5. 流通中所需要的货币量的决定因素及其变动与货币需要量变动的关系是什么？

答：（1）流通中所需要的货币量取决于下列因素：一是待流通的商品数量；二是商品价格水平；三是货币流通速度。

（2）商品价格与商品数量的乘积就是商品价格总额。在一定时期，流通中所需要的货币量与商品价格呈正比，与同一单位货币流通速度呈反比。这就是金属货币流通规律。

6. 市场上的商品价格会经常波动，请问这种现象是否违背价值规律？为什么？

答：在现实商品交换中，有许多因素会引起商品价格波动，如供求变化、突发事件等，因此价格与价值的一致是偶然的、个别的现象，而不一致的情况则是经常发生的。商品价格的经常波动，并不违背价值规律，因为：第一，从孤立的一次商品交换来看，商品价格可能高于或低于价值，但从总体上和长期来看，价格的上涨部分与下跌部分可以相互抵消，在一定时期内商品的平均价格与价值是相等的。第二，从不同商品各自的价格变化来看，商品价格无论涨跌，都是以各自的价值为基础。所以价格以价值为中心上下波动不仅不违背价值规律，而且正是价值规律存在和发生作用的表现形式。

八、论述题

1. 试述马克思关于劳动价值学说的主要内容及意义。

答：（1）一切劳动，从一方面看，是人类劳动力在生理意义上的耗费；作为相同的或抽象的人类劳动，它形成商品价值。

（2）一切劳动，从另一方面看，是人类劳动力在特殊的有目的形式上的耗费；作为具体的有用劳动，它生产使用价值。

（3）具体劳动和抽象劳动是同一劳动过程的两个方面；具体劳动反映的是人与自然关系，是劳动的永恒属性；抽象劳动反映的是社会生产关系，是劳动的社会属性，是历史范畴。

（4）劳动两重性理论是马克思的重大贡献，是理解马克思主义政治经济学的枢纽：首先，为劳动价值论奠定了坚实的理论基础；其次，为剩余价值论奠定了理论基础；最后，为资本有机构成理论、资本积累理论、资本主义再生产理论等一系列理论提供了理论基础。

2. 价值规律的内容和作用形式是什么？价值规律在商品经济中的作用是什么？

答：价值规律的主要内容和基本要求是：商品的价值量由生产商品的社会必要劳动时间决定；商品必须以价值量为基础，按照价值量相等的原则进行交换，即实行等价交换。

价格作为商品价值的货币表现，以价值为基础，反映价值的变化。但是，由于价格是以商品和货币交换的量的比例来相对地反映商品价值，商品供求关系必然会对价格产生影响。因此，在现实商品交换中，价格与价值的一致只是偶然的、个别的现象，而不一致的情况则是经常发生的。价格以价值为中心上下波动不仅不是对价值规律的否定，而且正是价值规律存在和发生作用的表现形式。

价值规律是商品经济的基本规律，其作用来源于其内在的价值决定和价值实现的机制，主要体现在调节、刺激、分化等方面：

（1）能够自发地调节社会劳动在各个生产部门之间的合理配置。这种调节作用是通过价格围绕价值上下波动的形式实现的，商品的市场价格反映供求、竞争信息，而供求、竞争信息自发引导商品生产者选择生产什么、生产多少、如何生产等。

（2）自发地刺激商品生产者不断改进生产技术，改善经营管理，提高劳动生产率。价值规律的价值决定和价值实现机制显示，商品生产者要想实现更大的价值量，就必须提高劳动生产率，使自己商品的个别劳动时间低于社会必要劳动时间。

（3）自发地促使商品生产者两极分化。在商品生产和交换过程中，那些掌握了先进的生产技术、经营管理水平高的生产者，劳动生产率高，其商品的个别劳动时间（个别价值）低于社会必要劳动时间（社会价值），按社会价值出售商品会获得更多的收入，因而越来越富裕；反之，就会越来越穷，甚至破产。

九、阅读分析题

答：这种打折现象说明：

（1）商品在流通过程中尽管价值量不会变化，但价格会受供求、季节、政治等诸多因素的影响而出现波动。如蓝色港湾"全馆春装低至3折"的活动，属于典型的"季节性"打折行为。

（2）节假日往往是消费者购物的高峰期，也是商家促销的大好机会，商场和生产厂家联手以令消费者心动的优惠价格吸引大批消费者的到来，一方面可以提升商场和生产厂家的品牌知名度，另一方面也可以通过薄利多销、迅速回收资本以加速资本流动来实现一定时期内剩余价值总量的迅速增加。

（3）过季商品打折时，价格或许会低于价值，但生产厂家往往会把当季商品的价格提高到价值之上；一部分商品打折，价格或许会低于价值，但与此同时生产厂家往往会把另一部分商品的价格提高到价值之上，所以从长期、总体上来看，生产厂家商品的总价格与总价值依然相等。

（4）资本追逐剩余价值的本性是不会改变的，商家和厂家打折也罢，让利也罢，他们总体上是不会把商品的价格卖到价值之下而亏本的，因此无论何种原因引起的价格波动都是以价值为基础的，这不仅不违背价值规律，相反这正是价值规律发挥作用的表现。

（5）打折、让利销售会加剧商家、同行业厂家之间的竞争，一定程度上会促进商家和厂家不断改进技术与管理，提高劳动生产率，而这恰恰是价值规律发挥自发调节作用的结果。

第三章　资本及其剩余价值

一、概念题

1. 资本：资本是能够带来剩余价值的价值，只有在劳动力成为商品的条件下，资本才能产生，因此，资本又是在其物的外衣下体现着的一种社会生产关系——资本主义雇佣关系。与此同时，这种社会生产关系只存在于人类历史发展的一定阶段上，因此资本不是一个永恒的范畴，而只是一个历史的范畴。

2. 不变资本：资本家用来购买生产资料（厂房、机器、设备、燃料、原材料、辅助材料等）的资本部分，在生产过程中只会转移自己的价值，且转移的价值量不会大于它原有的价值量。所以，以生产资料的形式存在的资本，在剩余价值的生产过程中不改变自己的价值量，被称为不变资本（c）。

3. 可变资本：资本家用来购买劳动力的那部分资本，在使用过程即劳动过程中，不仅能创造出相当于劳动力价值的价值，而且还能创造出一个大于劳动力价值的价值，即剩余价值，这表明在剩余价值生产过程中，这部分资本发生了价值量的变化，是一个可变量，会增加自己的价值，所以被称为可变资本（v）。

4. 价值增殖过程：超过补偿劳动力价值所需劳动时间而延长了的价值形成过程。

5. 剩余价值率：剩余价值与可变资本之比即为剩余价值率，用 m' 表示，公式是 m' = 剩余价值÷可变资本。又因为剩余价值是工人在剩余劳动时间创造的，可变资本是工人在必要劳动时间创造的，所以剩余价值率又可以用公式 m' = 剩余劳动时间÷必要劳动时间来表示。

剩余价值率表示在工人创造的价值中，资本家和工人各占多少份额，它是工人受剥削程度的准确表现，因此也称作剥削率。

6. 必要劳动：指在生产劳动力价值的时间内所耗费的劳动。

7. 剩余劳动：指工人为资本家创造剩余价值的时间内所耗费的劳动，是剩余价值的实体或源泉。

8. 绝对剩余价值生产：是剩余价值生产方法之一，指在必要劳动时间一定的条件下，通过延长工作日时间，从而增加剩余劳动时间来增加剩余价值量的方法，是资本主义发展初期生产技术水平发展缓慢的条件下，资本家普遍采取的方法。

9. 相对剩余价值生产：是剩余价值生产方法之一，指在工作日长度不变的条件下，通过缩短必要劳动时间，从而相应地延长剩余劳动时间来生产剩余价值的方法。相对剩余价值的生产，是以全社会劳动生产率的提高为前提的，是个别资本家追逐超额剩余价值的结果，这种方法在资本主义中后期被普遍采纳，其生产剩余价值的效率远远高于绝对剩余价值生产。

10. 超额剩余价值：所谓超额剩余价值，就是产品的个别价值低于社会价值的差额。当个别企业采用先进技术和设备提高劳动生产率时，其产品的个别价值就会低于社会价值，而其产品又是按社会价值出售，因此与同类企业相比，该企业在获得相同的剩余价值的同时，还能获得一个超额量，这个超额量就是超额剩余价值。

11. 实际工资：所谓实际工资，是指工人用货币工资所能买到的生活资料和服务的数量。实际工资取决于物价水平、房租高低、税负多少等多种因素，在这些因素不变的前提下，实际工资与名义工资保持一致，实际工资反映了工人真实的收入状况。

二、单项选择题

1. D	2. C	3. D	4. C	5. B
6. B	7. B	8. B	9. B	10. A

11. B	12. C	13. C	14.C	15. B
16. B	17. B	18. C	19. C	20. D
21. D	22. A	23. D	24. B	25. D

三、多项选择题

1. ABCDE	2. ABCD	3. ABC	4. CDE	5. ABDE
6. ABCD	7. BCDE	8. ABCD	9. DE	10. CDE
11. BC	12. ABCDE	13. ABCD	14. ABCDE	15. AB
16. BD	17. CDE	18. BC	19. BC	20. ACD
21. BDE	22. BCDE	23. ABE		

四、判断题

1.×	2. ×	3. ×	4. ×	5.√
6. ×	7. ×	8. ×	9. ×	

五、辨析题

1. 错误。G—W—G′公式从表面上看是，100万元货币通过商品买卖换到了110万元货币，但其背后隐藏了一个生产过程，其真正含义是 G—W…P…W′—G′，而100万元换110万元的秘密正是在这个生产过程，是生产过程中劳动力特殊的使用价值创造出了价值和价值增殖，所以说100万元能换到110万元，根源不在"商品买卖"，而在"商品生产"。

2. 错误。劳动力商品的价值决定包括着历史的、道德的因素，只是劳动力商品的特点之一，不是劳动力商品"最重要的特点"，其最重要的特点是使用价值的特殊性，即能创造出价值和价值增殖。

3. 错误。延长工人的工作日时间只是资本家赚取剩余价值的方法之一，即绝对剩余价值生产，此外资本家还可以通过缩短必要劳动时间的方法，来获得更多的相对剩余价值。

4. 错误。在资本主义社会中，工人阶级拥有的唯一资源是自己的劳动力商品，在工人阶级出卖了劳动力商品之后，劳动就归资本家所有了。

5. 正确。因为"价值增殖过程不外是超过一定点而延长了的价值形成过程"，所以可以说价值增殖过程就是价值形成过程的叠加。

6. 正确。因为剩余价值率是剩余价值与预付可变资本的比例，可以说是资本家所得与工人所得之间的比例，是工人创造的全部价值在资本家和工人之间的分配比例。

7. 错误。在资本主义生产过程中，也需要生产资料和劳动力这样的基本要素。没有生产资料形式存在的不变资本和以劳动力形式存在的可变资本，生产就无法进行，当然也就不可能生产剩余价值。但是，在剩余价值生产中，不变资本与可变资本所起的作用是不同的。不变资本借助于雇佣工人的具体劳动，只是把原有价值转移到产品中去，并不发生价值增殖。所以剩余价值不是由不变资本生产出来的。而可变资本由资本家以劳动力价格的形式支付给雇佣工人用于个人消费，它本身并不发生价值转移。但雇佣工人的劳动力被资本家购买并在生产中使用即劳动，就能创造出大于劳动力价值的新价值，增加到新产品中去。这个新价值不仅包含同劳动力价值相等的部分，而且还有一个余额，从而使相当于劳动力价值、价格的可变资本价值发生增殖，这个余额就是剩余价值。所以剩余价值只是由可变资本购买的雇佣工人的劳动力在剩余劳动时间内生产出来的，不是全部资本生产出来的。

8. 错误。个别资本家提高企业劳动生产率只能获得超额剩余价值，而相对剩余价值则是全社会资本家提高企业劳动生产率的结果。

9. 正确。相对剩余价值是在劳动日长度不变的情况下，通过缩短必要劳动时间，相应延长剩余劳动时间生产出来的剩余价值；超额剩余价值是商品的个别价值低于社会价值的差额而产生的剩余价值，它是由于个别企业提高劳动生产率而形成的；对于首先提高劳动生产率的个别企业来说，超额剩余价值的生产，也是工人必要劳动时间缩短、剩余劳动时间相应延长的结果，因为劳动生产率提高，意味着本企业的工人用较短的时间就可以再生产出劳动力价值，这就必然缩短必要劳动时间，延长剩余劳动时间。因此，超额剩余价值在本质上是一种相对剩余价值，是一种特殊的相对剩余价值。

六、计算题

1. 答：（1）W=12×2=24（元）　12小时新创造的价值=24-21.6=2.4（元）

（2）创造的剩余价值=2.4-0.4=2（元）

（3）剩余价值率=2/0.4=500%

（4）由于12小时共创造新价值2.4元，平均每小时创造新价值0.2元，由于劳动力价值为0.4元，即必要劳动时间为2小时，剩余劳动时间则为10小时。

2. 答：（1）采用绝对剩余价值生产方法的剩余价值率为（5 + 2.5）÷ 5 = 150%

（2）采用相对剩余价值生产方法的剩余价值率为（5 + 2.5）÷2 .5 = 300%

3. 答：（1）m = 1.1 × 10000 – （9000 + 5 ×200）= 1000（元）

m′=1000 ÷（5×200）=100%

（2）m =（1000 + 5 × 200）÷ 10 + 1000 = 1200（元）

m′= 1200 ÷（5×200）= 120%

（3）超额 m = 1.1 ×（10000×10%）– 10000 × 10% ×（9000÷10000）= 200（元）

七、简答题

1. 为什么说资本主义生产过程是劳动过程和价值增殖过程的统一？

答：资本主义的生产方式，决定了资本主义的生产必定要使资本家的资本实现增殖，即使资本家占有剩余价值，因此资本主义生产过程就必然是一个一般劳动过程与特殊劳动过程的统一。与其他社会形态一样，资本主义生产过程同样包括一个生产力发挥作用而生产使用价值的过程，这就是一般劳动过程。然而资本主义生产的根本目的，是通过使用价值的生产去获取价值增殖，这就决定了资本主义生产过程又必然包含一个特殊的劳动过程。在这个过程中，资本家通过对工人的劳动及劳动成果的占有，最终生产出并占有了价值增殖，可以说这个特殊的劳动过程，就是一个价值增殖的过程，因此资本主义生产过程是劳动过程和价值增殖过程的统一。

2. 马克思是如何划分不变资本和可变资本的？这种划分的意义何在？

答：资本家投入生产的资本的不同部分，在剩余价值生产过程中的作用是不同的，马克思正是根据这种不同作用，把资本划分为不变资本和可变资本的。在剩余价值生产过程中，以厂房、机器、设备、燃料、原材料、辅助材料等形式存在的资本不会发生价值量的变化，被称为不变资本（c）；以劳动力形式存在的资本不仅能创造自身价值，而且能创造出一个大于自身价值的剩余价值，因此其价值量发生了变化，故被称为可变资本（v）。

划分不变资本和可变资本，具有两方面的重要意义：第一，揭示了剩余价值的源泉——剩余价值是由可变资本产生的；第二，为确定资本家对工人的剥削程度提供了科学依据。因为正确反映资本家对工人剥削程度的剩余价值率的计算公式是 m/v，因此 v 的确定是准确计算出剩余价值率的关键。

3. 绝对剩余价值生产与相对剩余价值生产的联系与区别是什么？

答：绝对剩余价值生产与相对剩余价值生产的联系是：①绝对剩余价值生产是相对剩余价值生产的一般基础。因为只有把工作日绝对延长到必要劳动时间以外，才能无偿产生剩余价值。②绝对剩余价值是相对剩余价值生产的出发点。因为只有在工作日被划分为必要劳动时间和剩余劳动时间的基础上，资本家才能提高劳动生产率来缩短必要劳动时间，相对延长剩余劳动时间，生产出更多的剩余价值。

绝对剩余价值生产与相对剩余价值生产的区别是：两种提高剩余价值率的生产方法在历史发展的不同阶段上起着不同作用。在资本主义发展初期，由于生产技术水平发展缓慢，资本主义企业主要采取绝对剩余价值生产方法。随着科学技术的发展以及在生产中的广泛应用，相对剩余价值生产方法逐渐在后来成为主要的增加剩余价值的生产方法。

4. 超额剩余价值与相对剩余价值的联系与区别是什么？

答：超额剩余价值与相对剩余价值的联系是：从本质上说，超额剩余价值也是一种相对剩余价值，都是通过提高劳动生产率，相对延长剩余劳动时间为前提，都反映资本家对工人的剥削关系。

超额剩余价值与相对剩余价值的区别是：①获得者不同，超额剩余价值为个别资本家获得，相对剩余价值为全体资本家获得；②形成的条件不同，超额剩余价值以个别资本家提高劳动生产率为条件，相对剩余价值以全体资本家普遍提高劳动生产率为条件；③超额剩余价值是个别资本家追逐的直接目的和动机，相对剩余价值是全体资本家追逐超额剩余价值的结果。

八、论述题

1. 劳动力商品的特殊性是什么？为什么说劳动力成为商品是货币转化为资本的前提？

答：劳动力商品的特殊性，首先体现在其特殊的使用价值上：一般商品在被使用或消费时，其价值会消失或转移到新产品中去，不会创造出新的价值来。劳动力商品在被使用或消费后，不仅能保存旧价值，而且能创造新价值（自身价值和剩余价值）。其次体现在其特殊的价值上：①其价值随生活资料价值的变化而变化。尽管劳动力商品的价值也是由生产这种商品的社会必要劳动时间决定的，但由于劳动力存在于劳动者的身体内，因此它的生产和再生产，要以劳动者正常消费各种消费资料使身体处于正常状态为前提，因此，生产和再生产劳动力的社会必要劳动时间，可以还原为生产维持劳动者生存所必需的生活资料的社会必要劳动时间。具体来说，劳动力商品的价值，包括维持劳动者本人生存所必需的生活资料的价值、维持劳动者后代生存所必需的生活资料的价值、使劳动者掌握必要的生产技术和提高其素质所必需的教育和培训费用等三部分组成。②劳动力价值的决定，包含一个历史的道德的因素。这是因为表现劳动力价值的相关生活资料的物质内容并不是一成不变的，会随着各个国家不同历史时期经济文化发展水平、历史传统、生活习惯、生活方式乃至自然条件等的不同而有很大的差异和变化。

2. 资本总公式是什么？它存在什么矛盾？这个矛盾又是如何解决的？

答：G—W—G′这个公式，综合地反映了商业资本、产业资本和生息资本的运动形式，是所有资本的最一般的运动形式，所以，马克思称其为资本的总公式。

资本总公式的矛盾，是资本在 G—W—G′的运动过程中发生的价值增殖与价值规律的等价交换原则之间的矛盾。

资本总公式矛盾，是这样解决的，即资本家在流通领域中，遵循等价交换的原则，购买到了生产资料和劳动力，然后把他们投入生产领域，经过生产过程创造出新商品来。由于在这个过程中，劳动力这种特殊商品的使用价值发挥了特殊的作用，既创造出了价值，又创造出了剩余价值（Δ G），这时候 W 就变成了 W′。资本家再在流通领域中，遵循等价交换的原则，把 W′卖掉，拿到与 W′价值等量的货币 G′。也就是说资本总公式 G—W—G′的完整形态应该是 G—W……W′—G′，这样，资本家就既获得了价值增殖，又没有违反价值规律要求的等价交换原则，资本总公式矛盾就此得到了解决。

3. 试述剩余价值的产生。

答：（1）剩余价值的概念（略）。

（2）生产剩余价值的前提条件是劳动力成为商品；劳动力商品具有特殊的使用价值。

（3）剩余价值是雇佣工人在生产过程中创造的；必要劳动时间和剩余劳动时间（略）；雇佣工人的剩余劳动时间是剩余价值的源泉；价值形成过程与价值增殖过程的统一。

（4）剩余价值不是在流通中产生的，但是又不能离开流通领域而产生。

4. 试论相对剩余价值生产的实现过程。

答：（1）相对剩余价值的概念（略）。

（2）必要劳动时间是生产劳动力价值的时间，要缩短必要劳动时间就必须降低劳动力价值。

（3）要降低劳动力价值，就必须降低生活资料的价值。

（4）要降低生活资料的价值，就必须提高生产生活资料部门的劳动生产率，进而提高生产生产资料部门的劳动生产率，所以，只有整个社会劳动生产率都提高了，劳动力价值才能下降，资本家才能够获得相对剩余价值。

（5）首先提高劳动生产率的个别资本主义企业可以获得超额剩余价值，当整个社会劳动生产率提高，超额剩余价值消失的时候，整个资本家阶级就获得了相对剩余价值。

5. 如何全面理解资本主义工资？

答：要全面理解资本主义工资，必须从以下四个方面入手：

（1）资本主义工资不是劳动的价值或价格。

劳动不是商品，它没有价值或价格，因为：①劳动不是独立存在的实体，不能作为商品出卖。工人在劳动力市场上同资本家进行买卖时，存在的只是他的劳动力，当工人以出卖者的身份走进资本家工厂时，劳动过程还没开始。当劳动过程开始时，劳动已经不属于工人，也就不能再被工人出卖了。②劳动是构成商品价值的实体，是衡量价值的内在尺度，它本身没有价值。如果说劳动是商品、有价值，而价值的大小又由劳动时间来衡量，那就等于说劳动的价值由劳动来衡量，8 小时劳动的价值等于 8 小时劳动，这是毫无意义的同义反复。③假如劳动是商品，要么会违背价值规律，要么会消灭资本主义制度。如果劳动是商品，工人的工资是用劳动换来的，那么按照价值规律等价交换的要求，资本家就应该把工人在必要劳动和剩余劳动创造的全部价值拿出来给工人发工资，如果这样的话，资本家就无从占有剩余价值了，而资本家不占有剩余价值，那资本主义生产方式就不会存在。

（2）资本主义工资是劳动力的价值或价格的货币表现。

因为在市场上工人可以出卖给资本家的不是劳动，而是劳动力。劳动力在被使用以后，其使用价值换回了其自身价值，这种价值的表现形式就是工资。

（3）资本主义工资表现为劳动的价值和价格这一假象。

资本主义工资之所以表现为劳动的价值和价格这一假象，是因为：①从工资的支付时间和方式看，先有劳动，后有工资；②从工人的立场看，劳动是工人谋生的唯一手段；③从工资的数量上看，与工人的劳动强度、劳动熟练程度成正比。资本主义工资的这一假象会掩盖资本家对工人的剥削关系，因为它混淆了工人的必要劳动和剩余劳动、有酬劳动和无酬劳动之间的区分。

（4）资本主义工资的本质，是劳动力的价值或价格的货币表现，它体现了资本主义的剥削关系。

九、阅读分析题

答：以上现象说明：

（1）早期资本主义原始积累现象，在我国私营企业表现得非常充分。

处于原始积累时期的资本残暴成性，每一分钱、剩余价值的每一根毛孔，都浸透着"羊吃人"式的凶残掠夺。今天我国的一些私营企业，一味追求企业利润（剩余价值）极大化，置国家法律规定于不顾，有法不依，而有些执法部门也往往与私人资本结成了利益共同体，执法不严，这就导致了《妇女权益保障法》、《女职工劳动保护规定》、《8 小时工作制度》、《劳动安全制度》、《社会保障制度》等法律制度形同虚设，国家层面的对劳动者的各项保障措施得不到贯彻，严重侵害了打工妹的合法权益。

（2）发达资本主义国家早就摒弃了的绝对剩余价值生产方式，在我国现阶段的私营企业依然被广泛地使用着，剩余价值率（对打工妹的剥削率）极高。

绝对剩余价值生产，是指在必要劳动时间为一定的条件下，通过延长工作日时间，从而增加剩余劳动时间来增加剩余价值量的方法。上述"打工妹真正享受 8 小时日工作制的仅占 32.4%……在加班工资的给付上……大多数企业都是按照劳动定额或工作时间象征性给付，根本就没有公休日或法定节假日的概念"的现象，是典型的非人道的绝对剩余价值剥削方式，是典型的高剥削率。

（3）劳动力价值偏低成为我们普遍的、长期的现象。

马克思劳动力价值理论告诉我们，一方面劳动力价值应该由三部分生活资料价值构成，即维持劳动者本人的生存所必需的生活资料的价值、维持劳动者后代的生存所必需的生活资料的价值和使劳动者掌握必要的生产技术和提高其素质所必需的教育和培训费用；另一方面劳动力价值的决定包含一个历史的道德的因素。现阶段打工妹的境况清楚地告诉我们，我国劳动者的工资大多数只能拿到"维持劳动者本人的生存所必需的生活资料的价值"，我们几千年的封建专制主义传统，君臣父子的等级制度，加之长期的劳动力供给过剩的现实，每时每刻都在传递着"民如草芥"的信息，因此我们长期以来一直处于一种缺乏对基本人权最起码的尊重的"历史的道德的"氛围中，在这样的基础上对劳动力商品进行定价，其结果不言而喻。

（4）打工妹谈判能力太弱。

政治经济学理论告诉我们，工作日的长短，当然也包括工资及其他福利的高低，取决于劳资双方的谈判能力，所以要号召"全世界无产者联合起来"。然而，现阶段我们的打工妹连最起码的工会组织的关照都没有，更别说联合起来进行谈判。一方面她们自发成立工会违法，另一方面我们合法的工会无一不是作为各级党委的一级组织出现的，他们主要对各级党委负责，对工人做得最多的是发放福利、组织旅游，而且职责范围只覆盖本单位，打工妹实际上处于无工会状态，因此她们是谈判的弱势群体，是维权的弱势群体，她们惨遭剥削的命运也就很难改变。

第四章　资本积累

一、概念题

1. 简单再生产：是指资本家把剩余价值全部用于个人消费，使生产在原有的规模上重复进行的再生产。

2. 扩大再生产：是指资本家把剩余价值部分用于个人消费，部分用于资本积累，使生产在不断扩大的规模上重复进行的再生产。扩大再生产的类型，包括外延扩大再生产和内涵扩大再生产两类。

3. 资本积累：是指把剩余价值作为资本使用，或者说把剩余价值再转化为资本。

4. 资本技术构成：是指由生产技术水平决定的生产资料和劳动力之间的比例。

5. 资本价值构成：是指资本中不变资本和可变资本之间的比例。

6. 资本有机构成：是指由资本的技术构成决定并反映资本技术构成变化的资本价值构成。通常用 c：v 来表示。

7. 资本积聚：是指个别资本依靠自身的积累，即通过剩余价值的资本化来增大自己的资本总额。

8. 资本集中：是指把若干已经存在的规模较小的资本合并成规模较大的资本。

9. 相对过剩人口：是指相对于资本对劳动力的需求而言表现为过剩的劳动人口，即失业者。

10. 绝对贫困化：是指在市场经济发展过程中，劳动者的生活状况有时候会出现绝对的恶化。也就是说，有时会出现工人的生活状况，这个时期比不上前一个时期，表现出绝对的下降。

11. 相对贫困化：是指在市场经济国家的全部国民收入中，劳动者工资收入所占比重日益相对地下降。

二、单项选择题

1. C	2. D	3. B	4. C	5. A
6. C	7. A	8. D	9. C	10. C
11. C	12. C	13. A	14. B	15. B
16. B	17. C	18. B	19. A	20. B
21. C	22. C	23. A	24. C	25. A

三、多项选择题

1. ABCDE	2. BCDE	3. ABCD	4. ABCD	5. ABCDE
6. AD	7. AC	8. ABE	9. BCE	10. BDE
11. ABC	12. BCE	13. CE	14. BCDE	15. ABDE
16. AC	17. ADE	18. ABDE	19. BCD	20. ABDE
21. CE	22. ACDE	23. ABE	24. ADE	25. DE

四、判断题

1. √	2. ×	3. √	4. ×	5. ×
6. √	7. ×	8. ×	9. ×	10. ×

五、辨析题

1. 错误。从简单再生产过程看，工人的个人消费是用来维持和再生产劳动力的，而劳动力的再生产是资本主义再生产的必要条件。所以，从再生产过程看来，工人阶级即使在劳动过程以外，也同劳动工具一样是资本的附属物，是从属于资本的。

2. 错误。资本的技术构成决定价值构成，资本的价值构成要反映技术构成的变化。不过，这种反映不是绝对的，而只能是近似的。

3. 正确。资本家进行资本积累的动因，是为了追求更多的剩余价值和在竞争中取得优势，于是必然不断改进企业的技术装备，提高劳动生产率，其结果必然造成资本有机构成的不断提高。

4. 错误。因为：①资本积累具有客观的必然性。第一，这是由剩余价值规律决定的。对剩余价值的无限贪婪，是资本家进行资本积累的内在动力。第二，是由资本主义竞争规律决定的。只有不断进行资本积累，扩大资本规模，增强自己的实力，才能在激烈的竞争中保住自己，打败对手。竞争是资本家进行资本积累的外在压力。②"节俭"不创造价值，不会增加社会财富。如果不是依靠剥削工人创造的剩余价值，资本家再"节俭"也不会使手中的资本越来越多。

5. 错误。对任何个别企业来说，资本有机构成的高低，与其所创造的利润率成反比，但与其所获得的利润率则成正比，因此，资本有机构成的提高，可以使资本家获取超额利润，因而是有利的。

6. 错误。企业兼并实现的是资本的集中，而资本集中只改变了社会资本的组合，本身不增大社会资本总额。

六、计算题

1. 答：∵ 按原资本有机构成 9：1，10 万美元可雇佣工人 =10000/50=200（名）

资本有机构成提高到 19：1 后，原资本有机构成变为 95000：5000

追加资本 40000 美元资本的有机构成为 38000：2000

∴ 本周可变资本 =5000+2000=7000（美元）

可雇佣的工人数 =7000/50=140（人）

本周失业人数为 = 200-140=60（人）

答：该企业在本周就业人数减少，失业人数为 60 人。

2. 答：（1）原预付资本为 800 万美元，按照 4：1 的资本有机构成可分为

c=640 万美元和 v=160 万美元，因此该企业原有工人数为 160 万美元÷500 美元 = 3200（人）。

（2）本月按 20：1 的资本有机构成追加的资本 42 万美元，可分为 c=40 万美元和 v=2 万美元，可雇佣工人数为 2 万美元÷500 美元 = 40（人）。

（3）原预付资本 800 万美元中的 420 万美元，按 20：1 的资本有机构成进行技术改造，可分为 c=400 万美元和 v=20 万美元，可雇佣工人数为 20 万美元÷500 美元 = 400（人）。

（4）原预付资本 800 万美元中的剩余部分为 380 万美元，在有机构成不变的情况下可分为 c=304 万美元和 v=76 万美元，可雇佣工人数为 76 万美元÷500 美元 = 1520（人）。

因此，本月雇佣工人的总数为 40+ 400+ 1520 = 1960（人），与以前的 3200 人相比，减少了工人 1240 人。

七、简答题

1. 从分析资本主义简单再生产可以看出资本主义生产关系的哪些特点？

答：通过对资本主义简单再生产的分析，可以发现把资本主义生产作为一个孤立过程分析时所看不到的一些重要特征：第一，资本家购买劳动力的可变资本是雇佣工人自己劳动创造的。第二，不仅可变资本，而且包括不变资本在内的全部资本，归根结底也都是由工人创造的。第三，雇佣劳动始终是资本的附属物，工人的个人消费也从属于资本，是资本再生产的必要条件。

2. 试述资本积累的客观必然性。

答：资本积累是资本主义发展的必然趋势，它具有客观必然性，这是由两方面决定的。一方面，资本主义生产的目的决定了资本家追逐剩余价值的欲望是没有止境的。为榨取更多的剩余价值，除了提高对工人的剥削程度外，还必须进行资本积累，扩大生产规模，扩大剥削。另一方面，资本主义竞争是资本积累的外在压力。市场上的竞争是残酷的，弱肉强食是竞争的法则，竞争的结果是优胜劣汰，你死我活。只有进行资本积累，才能使资本有能力不断采用新技术，扩大生产，增强竞争能力，在竞争中打败对手，否则就不能在竞争中获胜，甚至被对手击败而破产。

3. 资本积聚和资本集中的关系如何？

答：资本积聚和资本集中的主要区别在于：

（1）资本积聚是在资本积累基础上实现的，因此它不仅使单个资本增大，同时还增大了社会总资本的总量；而资本集中只是现有分散资本的合并，不会使社会总资本增大。

（2）资本积聚的数量受到社会财富增长程度等因素的限制；而资本集中则不受这些因素的限制。

（3）资本积聚由于受到资本积累能力和社会财富增长的限制，速度是比较缓慢的；资本集中因为不受种种条件的限制，可以在很短的时间内完成，所以速度比较快。资本积聚和资本集中也是互为条件、相互促进的。资本积聚有利于资本集中，资本集中也有利于资本积聚。

4. 试说明资本技术构成、价值构成和有机构成的相互关系。

答：（1）资本的构成可以从物质形态和价值形态两方面来考察。①从物质形态来看，由生产技术水平决定的生产资料和劳动力之间的比例，叫做资本的技术构成。②从价值形态来看，资本是由一定数量的不变资本和可变资本构成的，这种不变资本和可变资本之间的比例，叫做资本的价值构成。一般用 c∶v 来表示。③资本的有机构成是指由资本的技术构成决定并反映资本技术构成变化的资本价值构成，通常用 c∶v 来表示。

（2）资本的技术构成和价值构成之间存在密切的有机联系，一般来说，资本的技术构成决定资本的价值构成，而资本的价值构成的变化，常常近似地反映资本的技术构成的变化，资本有机构成是以反映技术构成变化的价值构成来表示的，它是把资本技术构成和资本价值构成结合在一起的概念。

5. 资本积累的一般规律和资本主义积累的历史趋势是什么？

答：马克思所阐明的资本主义积累的一般规律是，随着资本的积累，在一极是资产阶级财富的积累，同时在另一极是无产阶级贫困的积累。

资本积累的历史趋势是两种社会制度的灭亡。资本主义初期，作为一种先进的社会生产方式，资本主义积累极大地促进了社会生产力和生产关系的发展，使资本主义制度取代了封建制度，造成了封建制度的灭亡。随着资本主义积累的进一步发展，生产资料和劳动力日益集中在少数大资本家手中，资本主义基本矛盾——生产社会化和生产资料资本主义私人占有制之间的矛盾日益激化，最终会导致公有制取代私有制。

另外，资本积累的发展，也为资本主义本身的灭亡准备了条件：一方面，资本主义社会化生产为建立社会主义生产关系准备了客观的物质条件；另一方面，也为变革资本主义生产关系准备了社会力量，即无产阶级。

八、论述题

1. 马克思是怎样通过分析资本主义简单再生产来说明资本主义生产关系再生产的？

答：（1）资本主义简单再生产是资本家将剩余价值全部用于个人消费，再生产在原有规模上重复进行。

（2）分析资本主义简单再生产，可以看出：①可变资本是工人自己创造的，工人的劳动养活了自己，也养活了资本家。②资本家的全部资本归根结底是由工人创造的，是由工人创造的剩余价值转化的。③工人的个人消费不断再生产出供资本家剥削的劳动力，是资本主义再生产的必要条件。

（3）资本主义简单再生产，不仅生产出商品、剩余价值，而且生产出资本家的全部资本和雇佣工人，是物质资料再生产和资本主义生产关系再生产的统一。

2. 为什么说相对过剩人口是资本积累的必然产物，又是资本主义生产方式存在和发展的必要条件？

答：相对过剩人口是相对于资本对劳动力需求而表现为过剩的劳动人口。随着资本积累的增长和资本有机构成的提高，必然出现两种完全对立的趋势：一方面，资本对劳动力的需求日益相对地，甚至绝对地减少；另一方面，劳动力的供给却在迅速地增加。不可避免地造成大批工人失业，产生相对过剩人口。相对过剩人口，是在资本主义制度下表现出的特有的人口规律。

相对过剩人口也是资本主义生产方式存在和发展的必要条件。第一，相对过剩人口的存在，使资本家可以及时找到可供剥削的劳动力；第二，大量相对过剩人口的存在，有利于资本家加重对工人的剥削。

九、阅读分析题

从以上案例可以看出：

（1）吉利收购沃尔沃是典型的资本集中行为，资本集中是提高个别资本的重要途径之一，另一条重要途径是资本积聚。所谓资本集中，是指把若干已经存在的规模较小的资本合并成规模较大的资本。资本集中一般是通过大资本兼并中小资本来实现，也可以由原来分散的中小资本联合起来成为新的更大的资本，如创建股份公司。随着市场经济由自由竞争进入垄断阶段，资本集中成为了个别资本增大的主要方式，企业并购成了资本集中的主要特征。

随着经济的全球化，跨国并购更成为了热潮。回望世界汽车产业发展的百年长河，国内并购与跨国并购起到了重要的推动作用。1926 年，奔驰与戴姆勒公司合并，生产梅赛德斯—奔驰汽车，1964 年大众收购奥迪，这是处于汽车强国内部的兼并重组阶段。从 20 世纪 90 年代后期起，以德国戴姆勒奔驰与美国克莱斯勒合并为代表，经济全球化引发了各国汽车巨头之间的兼并重组浪潮。

（2）与资本积聚相比，资本集中有自身的优势，资本积聚的增长要受到社会财富（包括追加的生产资料和消费资料）的绝对增长速度、剩余价值数量及其与消费基金和积累基金的比例等条件的限制，因此资本增大的速度比较缓慢；而资本集中则不受这些条件的限制，它可以在较短的时间内迅速集中大量的资本。但资本集中与资本积聚又是相互联系着的，它们之间的联系在于：一方面，资本积聚的增长，必然加速资本集中的进展。因为随着资本积聚的不断进行，个别资本的规模日益增大，它们可利用自己雄厚的经济实力，打败众多的中小资本，从而加快资本集中的速度；另一方面，资本集中的速度加快了，又会反过来促进资本积聚的发展。因为集中起来的资本越大，越具备有利条件获得更大量的剩余价值或超额剩余价值，从而增加资本积累的规模，加快资本的积聚。对吉利来说，资本集中是其迅速提高企业资本的有效途径，而其收购行为之所以能成功，与其前期良好的资本积聚有关，同时，收购行为的成功也会促成更多的资本积聚。

（3）资本集中有两个强有力的杠杆：竞争和信用。一方面，在市场竞争中，规模较大、效益较好的资本，能够有条件采用先进的生产设备和更先进的劳动组织形式，从而降低生产成本，打败规模较小的资本，然后将其吞并，从而形成一个更大的资本。另一方面，信用制度的发展也大大加速了资本集中的进程，因为信用制度可以吸收大量的社会闲散资金，通过贷款的形式或股份制等形式，促使社会上大量的中小资本联合起来，组成规模较大的资本。吉利成功收购沃尔沃，得益于其强大的竞争力。自 1997 年进入轿车领域以来，其凭借灵活的经营机制和持续的自主创新，吉利得到快速发展，连续五年进入中国汽车行业十强，是"中国汽车工业 50 年发展速度最快、成长最好"的企业。如资料中所言，去年吉利创造的利润已经超过上汽，稳居国内汽车企业首位。它比国企更富有真正的市场竞争力，所以它能在金融危机时，抓住机会成功收购沃尔沃。

（4）不过，我们要看到的是，成功签约收购只是第一步，而成功运营并达到所需要的目标则比想象的更为遥远，这就需要吉利去更好地整合企业文化，掌握其核心技术，使收购沃尔沃成为真正的彻底的成功案例。

第五章 个别资本的循环与周转

一、概念题

1. 产业资本：是指投放在工业、农业、建筑业、采矿业等物质资料生产部门及为物质资料生产部门服务的交通运输业的资本。

2. 资本循环：是指产业资本依次经过购买、生产、销售阶段，相应依次采取货币资本、生产资本、商品资本三种形式，实现价值增殖，最后又回到原来出发点的运动过程。

3. 资本周转：是指周而复始、不断重复的资本循环。

4. 资本周转时间：即预付资本周转一次需要的时间。

5. 资本周转次数：即一定时间内（通常为一年）预付资本周转的次数。

6. 货币资本：是指以货币形式存在的资本，它是产业资本循环在其循环过程中所采取的第一种职能形式。它的职能是购买生产资料和劳动力，为生产剩余价值准备条件。

7. 生产资本：是指以生产要素形式而存在的资本，它是产业资本循环在其循环过程中所采取的第二种职能形式。它的职能是促进雇佣劳动力和生产资料相结合，生产出包括剩余价值的新商品。

8. 商品资本：是指以商品形式存在的资本，是产业资本在其循环中所采取的第三种职能形式。它的职能是出售商品，实现预付资本的价值和剩余价值。

9. 固定资本：以机器、设备、厂房、工具等劳动资料形式存在的生产资本。这部分资本在进行生产时，物质形态全部参加生产过程，并在较长时间内在多次生产过程中发挥作用。

10. 固定资本更新：固定资本的各种物质组成在使用寿命终结时所进行的物质上的替换。

11. 流动资本：是指以原材料、燃料、辅助材料等劳动对象形式和劳动力形式存在的那部分生产资本。

12. 有形磨损：指机器、厂房、建筑物等固定资本的物质要素由于使用以及自然力的作用而造成的损耗。

13. 无形磨损：是指固定资本在它们的有效使用期限内，由于生产技术进步引起的资本价值上的损失。

14. 折旧：按照固定资本平均损耗的程度把转移的价值从销售商品的收入中提取出来，以折旧基金的形式加以累积，逐步进行补偿的过程。

15. 预付资本的总周转：资本不同组成部分的平均周转，用公式表示：一年内固定资本周转总值加上一年内流动资本周转总值除以预付资本总值。

16. 年剩余价值：是指在一年中获得的剩余价值总量，用 M 表示，$M = m \times n = m' \times v \times n$

17. 年剩余价值率：是年剩余价值量与预付可变资本的比率，是预付可变资本的增殖率。$M' = M/v = m' \times n$

二、单项选择题

1. A	2. D	3. C	4. D	5. A
6. B	7. B	8. B	9. D	10. B
11. D	12. B	13. C	14. C	15. C
16. C	17. C	18. A	19. D	20. B

21. A	22. C	23. B	24. D	25. D
26. B	27. C	28. B	29. C	30. C
31. B	32. B	33. A	34. D	35. C
36. B	37. B	38. C	39. B	40. D
41. B	42. C	43. C	44. B	45. D
46. C				

三、多项选择题

1. ACE	2. ACE	3. BC	4. ABD	5. ACE
6. ABCD	7. BCDE	8. AC	9. CD	10. CDE
11. ACE	12. ACE	13. ABDE	14. BCE	15. ABCD
16. AB	17. ABC	18. BD	19. AB	20. ACDE
21. BDE	22. ABCD	23. ABC	24. ABCDE	25. ABCDE
26. ABC	27. BCE	28. ACD		

四、判断题

1. √	2. ×	3. √	4. ×	5. ×
6. ×	7. ×	8. ×	9. ×	10. √
11. ×	12. ×	13. √		

五、辨析题

1. 正确。加快资本周转，资本经过生产过程和流通过程的次数增加，导致实际发挥作用的可变资本数量增加，因而能生产出更多的剩余价值，实现更多的剩余价值。但这并不表明流通中可以生产剩余价值，只说明资本流通对资本主义生产有促进作用。

2. 错误。加快资本周转速度，可以增加年剩余价值量和提高年剩余价值率，但并不表明资本家预付的可变资本越多，而是表明预付可变资本的周转次数越多，一定数量的可变资本所发挥的实际作用越大。

3. 正确。固定资本物质存在的时间越长就越耐用，磨损就越慢，资本价值固定在原使用形式上的时间也越长，周转的速度也越慢。因此，固定资本的周转速度是和固定资本的磨损程度成正比例的。

六、计算题

1. 答：（1）固定资本=800+350+50=1200（万元）

流动资本=总资本−固定资本=1500−1200=300（万元）

（2）n =（固定资本年周转价值总额+流动资本年周转价值总额）/预付总资本总额 =［（800×1/40+350×10%+50×1/10）+ 300×5］/1500=1.04（次）

（3）总产值=G+L+m =（800×1/40+400×10%+50×1/10）+300×5+800%×100=1560+800=2360（万元）

（4）c：v=1400：100=14：1

2. 答：M′=m′×n=1/4×100%=0.25×100%=25%

3. 答：（1）年剩余价值量：$M_甲$=v×m′×n=100/（9+1）×100%×10=100（万元）；$M_乙$=v×m′×n=100/（9+1）×100%×15=150（万元）

（2）年剩余价值率：$M_甲'$=M/v=100/10=1000%；$M_乙'$=M/v=150/10=1500%

（3）甲企业的固定资本为 100×80%=80（万），年周转价值总额为 80/10=8（万）；甲企业的流动资本为 100×20%=20（万），年周转价值总额为 20×10=200（万）

预付资本总周转次数 $n_甲$ =（8+200）/100=2.08（次）

乙企业的固定资本为 100×40%=40（万），年周转价值总额为 40/5=8（万）

企业的流动资本为 100×60%=60（万），年周转价值总额为 60×15=900（万）

预付资本总周转次数 $n_乙$ =（8+900）/100=9.08（次）

4. 答：（1）m=30×10000（商品总社会价值）−10000（固定资本年周转额）−50000×12/3（流动资本年周转额）=300000−10000−200000=90000 元）。m′=90000 m/30×200×12 =125%

（2）年预付资本周转速度 =［10000（固定资本周转额）+200000（流动资本周转额）÷［100000（固定资本）+50000（流动资本）］=1.4（次）

（3）年剩余价值率是年剩余价值量和预付可变资本的比率。

计算方法 1：由（1）已知 M=90000（元）。预付可变资本额为 30×200×3=18000（元）。M′=90000 /18000 =500%

计算方法 2：M′=m′×n=125%×12/3=500%

5. 答：因为 V=100 万元 C∶V=9∶1 所以 C=900 万元

总资本=100+900=1000（万元）

固定资本=总资本–流动资本=1000–400=600（万元）

故 资本周转速度=［（600×10%）+（400×4）］/1000=1.66（次）

m'=M/（v×n）=1200/100×4=300%

M'=m'×n=300%×4=1200%

6. 答：c=800 万元 v=200 万元 可知 固定资本=600 万元 流动资本=400 万元

资本周转速度=［（600×10%）+（400×4）］/1000=1.66（次）

M'=m'×n=150%×4=600%

年产品总值=1660+M=1660+m'×v×n=1660+150%×200×4=2860（万元）

七、简答题

1. 资本循环连续进行需要什么条件?

答：产业资本循环要连续不断地进行，必须具备两个条件：第一，必须保持产业资本三种职能形式在空间上并列存在。就是说，全部产业资本不能同时处在一种职能资本形式上，必须按一定比例分割为货币资本、生产资本、商品资本三个部分。第二，必须保持产业资本的每一种职能形式的依次转化，在时间上相继进行。就是说，每一种职能资本都必须连续不断地通过资本循环的三个阶段，相继地进行转化，顺序改变它的职能形式，经过循环回到它的出发点。

2. 资本周转时间和资本周转次数有何关系?

答：（1）资本周转时间是资本周转一次所需要的时间，等于生产时间和流通时间之和。

（2）资本周转次数是在一定时间内（通常一年）资本循环的次数。

（3）资本周转速度与资本周转次数成正比，与周转时间成反比。

（4）在市场经济条件下，企业要增殖资本，必须尽量缩短资本周转时间，增加资本周转次数，加快资本周转速度。

3. 固定资本和流动资本与不变资本和可变资本两种划分有什么区别?

答：固定资本和流动资本的划分，与不变资本和可变资本的划分的区别表现在三方面：①划分的根据不同。固定资本和流动资本的划分是根据资本价值周转方式的不同；而不变资本和可变资本的划分是根据资本不同部分在剩余价值生产过程中所起的作用不同。②划分的内容不同。不变资本包括用于购买劳动资料和劳动对象的资本，而固定资本只包括用于购买劳动资料的资本；可变资本只是用于购买劳动力的资本，而流动资本不仅包括用于购买劳动力的资本，还包括用于购买劳动对象的资本。③划分的目的和意义不同。固定资本与流动资本的划分，是为了揭示生产资本的不同部分对资本周转速度从而对生产的剩余价值数量的不同影响；而不变资本与可变资本的划分，则是为了揭示可变资本是剩余价值的真正源泉，从而揭示资本主义剥削的秘密以及提供计算资本家对工人剥削程度的科学依据。

4. 影响资本周转的因素有哪些？

答：预付资本的总周转，是指固定资本和流动资本在一年内的平均周转。影响预付资本总周转速度的因素有：第一，固定资本和流动资本本身的周转速度。固定资本和流动资本的周转速度越快，预付资本的总周转速度也越快。预付资本的总周转速度与固定资本和流动资本的周转速度成正比例变化。第二，固定资本和流动资本的比例。固定资本所占的比重越大，预付资本的总周转速度就越慢；反之，流动资本所占的比重越大，预付资本的总周转速度就越快。

八、论述题

1. 资本周转速度对剩余价值生产有何影响？

答：第一，加速资本周转，可以节省预付资本，特别是节省预付流动资本。资本周转越快，周转时间越短，预付流动资本的数量就越少；反之，预付流动资本的数量就越多。

第二，加速资本周转，可以增加年剩余价值量，提高年剩余价值率。①加快资本周转速度，可以增加年剩余价值量。年剩余价值量是资本家在一年中获得的剩余价值总量。资本的周转速度越快，表明其中的可变资本的周转速度也越快，一定数量的可变资本所发挥的实际作用也越大，剥削的劳动力数量也就越多，一年内生产的剩余价值也就越多。资本的周转速度与年剩余价值量的多少成正比例变化。②加快资本周转速度可以提高年剩余价值率。年剩余价值率是一年内生产的剩余价值总量同一年内预付的可变资本的比率。因为资本周转速度快，年剩余价值量就多，从而年剩余价值率也就高。资本周转速度与年剩余价值率成正比。

第三，加速资本周转，可以提高固定资本的投资效益。一方面可以减少或避免由于固定资本无形磨损而造成的资本价值上的损失；另一方面又可以提高固定资本价值的利用率，加速固定资本更新，从而提高固定资本的投资效益。

2. 试述马克思的资本循环理论及其对社会主义企业生产经营的指导意义。

答：资本循环理论的中心问题是资本运动的连续性。为了保证资本循环连续进行，单个产业资本，必须按其再生产过程所要求的一定比例，分为货币资本、生产资本、商品资本三种职能形式，使它们在空间上并列存在，在时间上相继转化。这一理论撇开它的资本主义性质，对社会主义企业的资金循环也是适用的。社会主义企业的资金，也必须根据再生产要求分为三个部分，也必须使这三部分资金在空间上并列存在和在时间上相继转化，即做到人、财、物合理配置和产、供、用三者互相衔接，保持平衡，才能使资金循环连续不断。这也是社会主义企业资金运动的规律。只有自觉认识和利用这一规律，才能加速资金运动，搞好社会主义企业的生产经营。

3. 试述产业资本循环连续进行的条件及其对企业资本运动的意义。

答：（1）产业资本循环连续进行必须具备两个条件：第一，必须保持产业资本三种职能形式在空间上并存。第二，必须保持产业资本每一种职能形式的依次转化，即在时间上的继起性。

（2）产业资本循环连续进行的条件对企业资本运动的意义：

企业只有遵循产业资本循环规律和循环连续进行的条件，合理安排各种资本的比例，人、财、物合理配置，供、产、销紧密衔接，做到生产过程和流通过程的统一，三种资本循环的统一，才能实现企业生产经营的良性循环和均衡持续发展。①社会主义企业资本也必须合理地分为三个部分，顺利经过购买、生产、售卖三阶段，在空间上并存和在时间上继起，搞好供、产、销。②资金运动的目的是增殖自身。社会主义企业必须加快资金周转，用同样资本生产出更多的产品，以实现利润最大化目标。

九、阅读分析题

答：从以上材料可以看出，加速资本周转意义重大。资本周转速度对剩余价值的生产和实现有着重大影响。这表现在：

第一，加快固定资本周转速度，可以增加剩余价值。加速固定资本周转速度，一定时期内收回的固定资本折旧费就可以增多，这部分折旧费可以用于扩大再生产购买更多的原材料和劳动力，从而在一个生产周期中可以增加剩余价值。

第二，加快固定资本周转速度，可以获得超额剩余价值。机器设备等生产资料还有一个非常特殊的性质，就是其价值虽然全部转移到新的产品中，但并不等同于其使用价值就随之消失，还有可能参与到生产过程当中发挥其作用，即无偿为企业服务。

第三，加快固定资本周转速度，可以减少或避免固定资本无形磨损，减少价值损失。

第四，加快流动资本周转速度，可以节省预付流动资本，增加剩余价值。

第五，加快流动资本周转速度，一定量的流动资本将发挥更多的作用，提高年剩余价值和年剩余价值率。年剩余价值是在一年中获得的剩余价值总量，年剩余价值率是年剩余价值量与预付可变资本的比率，是预付可变资本的增殖率。流动资本中的可变资本周转速度越快，年剩余价值就越多，年剩余价值率也越大。这是因为，加速可变资本周转速度可使一定量的可变资本发挥更大的作用。

因此，对我国来说，当务之急就是要加速企业的资本周转速度，改变资本周转速度过慢，从而造成大量隐性经济损失的现状。

第六章 社会总资本的再生产及其周期性

一、概念题

1. 社会资本：是指互相联系、互相依存的所有个别资本的总和。

2. 社会资本运动：是指相互交错、互为条件的个别资本运动的总和。

3. 社会总产品：即社会的总商品资本，是指社会各物质生产部门在一定时期内（通常为一年）所生产出来的全部物质资料的总和。

4. 价值补偿：是指社会总产品的价值转化为货币以后，如何再转化为所需要的产品。

5. 实物补偿：是指社会总产品的价值如何通过商品的全部出售，以货币形式收回，从而用以补偿生产中预付的不变资本和可变资本并获得剩余价值。

二、单项选择题

1. A	2. A	3. B	4. C	5. A
6. B	7. A	8. A	9. A	10. B
11. B	12. C	13. D	14. C	15. D
16. A	17. D	18. C	19. A	20. D
21. D	22. C	23. C	24. A	25. D

三、多项选择题

1. CDE	2. ABCDE	3. AE	4. ACE	5. BCD
6. ABCD	7. ACD	8. CD	9. ABC	10. CDE

11. ABC   12. BC   13. ADE

四、判断题

1. ×   2. ×   3. √   4. ×   5. ×
6. ×   7. ×

五、辨析题

1. 错误。生产资料生产优先增长，并不意味着生产资料生产可以脱离消费资料生产而孤立地发展，更不意味着生产资料生产比消费资料生产增长得越快越好。因为，生产资料生产的增长，最终将依赖于或受制于消费资料的增长。

2. 错误。资本主义经济危机的实质是生产相对过剩，即相对于劳动人民有支付能力的需求的过剩。

3. 错误。社会总产品是分析和考察社会总资本再生产运动的出发点，核心是社会总产品的实现问题。

4. 错误。研究社会总资本再生产的目的是为了寻找社会总资本再生产顺利进行的条件。

六、计算题

1. 答：两大部类的有机构成分别为 I（c/v）=4840/1210=4，II（c/v）=1760/880=2

两大部类的剩余价值率分别为 I（m/v）=1210/1210=100%，II（m/v）=880/880=100%

第一部类今年累积量为1210×50%=605，I c 增加 605×4/5=484，I v 增加 605×1/5=121，则明年 I m 增加 121；II c 增加 242，II v 增加 121，II m 增加21

所以明年

I 5324C+1331V+1331m=7986

II 2002C+1001V+1001m=4004

2. 答：（1）∵ w=k+m

∴ I w =（24000c×50%）/5+24000c×50%+3000v+3000m=20400

II w =（6000c×50%）/5+6000c×50%+1500v+1500m=6600

（2）先求 I（v+Δv）+m/x=3000+3000×60%×1/（11+1）+3000×（1-60%）=4350

∵ I（v+Δv）+m/x= II c+ Δc

∴ II Δc =4350- II 3600c =750

又 ∵ m- m/x = Δc +Δv ∴ II Δ v =1500 m ×60/100-750c =150

∴ II Δc : Δ v=750 : 150=5 : 1

（3）先求 I c 和 I m，II c 和 II m?

I c = ［（24000c+1650 Δc）× 50%］×（1+1/5）= 12825 ×6/5=15390

II c = ［（6000c+ 750 Δc）×50%］×（1+1/5）=3375 × 6/5=4050

I m=I（3000v+150Δv）×100%=3150

II m= II（1500v+150Δv）×100%）=1650

∴ I 发展速度= 15390c+3150v+3150 m =106.32%

　　　　　　　　　14400c+3000v+3000m

II 发展速度=4050c+1650v+1650m=111.36%

　　　　　　　3600c+1500v+1500m

3. 答：第一部类资本家用于积累的剩余价值 200，其有机构成为 160Δc：40Δv，因此第一部类的生产图式可调整为 I（4160c + 1040v + 800 m/x），根据公式 I v=Δv+$\frac{m}{x}$= II c+Δc 与之相适应，第二部类的生产图式就必须调整为 II（1840c + 920v + 440 m/x），因此第二部类资本家消费为 440。

七、简答题

1. 个别资本运动和社会资本运动的联系和区别是什么？

答：社会资本的运动是个别资本运动的总和，二者的运动有许多共同之处：一是从运动过程来看，两者都是生产过程和流通过程的统一；二是从运动形式来看，它们在循环过程中都要经过购买、生产、销售三个阶段，并相应采取货币资本、生产资本和商品资本三种形式；三是从运动目的来看，它们都是为了实现价值增殖。

个别资本运动和社会资本运动的主要区别有：第一，个别资本运动只包括对生产资料和劳动力的生产消费以及与此相适应的资本流通，社会资本的运动既包括对生产资料和劳动力的生产消费以及与此相适应的资本流通，又包括工人和资本家对生活资料的个人消费以及与此相适应的一般商品流通；第二，个别资本运动只包括预付资本的价值运动，在扩大再生产时包括部分剩余价值的运动，而社会资本运动既包括预付资本的价值运动，也包括全部剩余价值运动。

2. 社会总产品实现的含义是什么？

答：从社会总产品出发考察社会资本的运动，其核心问题是社会总产品的实现，即社会总产品的补偿问题。社会总产品的补偿包括价值补偿和实物补偿两个方面。社会总产品的价值补偿是指社会总产品的价值如何通过商品的全部出售，以货币形式收回，从而用以补偿生产中预付的不变资本和可变资本并获得剩余价值。社会总产品的实物补偿或实物替换，是指社会总产品的价值转化为货币以后，如何再转化为所需要的产品。社会总产品的价值补偿和实物补偿都必须以等价交换为条件。

3. 马克思关于社会再生产的两个基本理论前提是什么？

答：马克思再生产理论的两个理论前提是：第一，资本主义社会的社会总产品，从价值形式上分为不变资本价值（c）、可变资本价值（v）和剩余价值（m）三个组成部分。第二，社会总产品按其最终用途，从实物形态上分为生产资料和消费资料两大类，与此相适应，社会生产可分为制造生产资料和制造消费资料的两大部类。

4. 简述社会资本简单再生产条件下社会总产品的实现过程。

答：简单再生产条件下，社会总产品是通过三个方面的交换实现的，假设两大部类资本构成如下图： $\begin{cases} Ⅰ\ 4000c+1000v+1000m=6000 \\ Ⅱ\ 2000c+500v+500m=3000 \end{cases}$ ：①第一部类内部的交换。第一部类中的 Ⅰ 4000c，在实物形式上是由各种生产资料构成的，在价值上它代表本部类已经消耗的不变资本价值。生产中消耗了的 4000c 必须用新的生产资料来补偿，这部分产品可以通过第一部类内部各部门、各企业之间的交换而得到实现。②第二部类内部的交换。第二部类中的产品 Ⅱ（500v+500m），在实物上是由各种消费资料构成的，在价值上代表本部类工人和资本家个人消费的可变资本和剩余价值。500v 需要购买消费资料；500m 也需用来购买消费资料，这部分产品可以通过第二部类内部的相互交换而得到实现。③两大部类之间的交换。通过上述两个方面的交换，第一部类还剩下 Ⅰ（1000v+1000m）的产品，这部分产品在实物上都是生产资料，不能用于个人消费，因而无法在第一部类内部实现，而必须与第二部类的消费资料相交换。第二部类剩下的 Ⅱ2000c 的产品，这部分产品的实物却是消费资料，不能用于生产消费，无法在第二部类内部实现，必须与第一部类的生产资料相交换。通过两大部类之间的交换，两部分产品都得到实现。

5. 资本主义经济危机的爆发为什么具有周期性？

答：①经济危机是资本主义的必然现象，但资本主义并不是时时刻刻处在经济危机之中。资本主义经济危机是每隔若干年就爆发一次，周期性地出现。②资本主义经济危机周期性爆发的原因，在于资本主义基本矛盾运动的特点，即时而激化，时而缓解。经济危机的周期性爆发，使资本主义再生产过程也具有了周期性。从一次危机爆发到下一次危机爆发之间的时期，就是一个再生产周期。它一般包括危机、萧条、复苏和高涨四个阶段。③资本主义经济危机周期性的物质基础是固定资本的更新。固定资本的更新是指对以厂房、机器设备等物质形式存在的固定资本进行实物替换。第一，固定资本大规模更新，为资本主义摆脱经济危机准备了物质条件。第二，固定资本大规模更新，又为下一次危机的到来准备了物质基础。

6. 社会资本扩大再生产的前提条件，实现过程及实现条件是什么？

答：（1）社会资本扩大再生产的两个前提条件：

①生产资料总供给量除满足简单再生产两大部类对生产资料的总需求量外还必须有一个余额，用公式表示为 Ⅰ$(v + m) > $ Ⅱc；

②消费资料总供给量除满足两大部类资本家的实际消费需求量和原有工人消费需求量外还必须有一个余额，用公式表示为 Ⅱ$(c + m - m/x) > $ Ⅰ$(v + m/x)$。

（2）社会资本扩大再生产的过程是：

第一部类的内部交换，使得 Ⅰ$(c + \Delta c)$ 得到价值补偿和实物补偿。

第二部类的内部交换，使得 Ⅱ$(v + \Delta v + m/x)$ 得到价值补偿和实物补偿。

两大部类相交换，第一部类向第二部类出售生产资料，使得 Ⅰ$(v + \Delta v + m/x)$ 得到价值补偿，同时使得 Ⅱ$(c + \Delta c)$ 得到实物补偿；第二部类向第一部类出售消费资料，使得 Ⅱ$(c + \Delta c)$ 得到价值补偿，同时使得 Ⅰ$(v + \Delta v + m/x)$ 得到实物补偿。

（3）社会资本扩大再生产的实现条件：

①Ⅰ $(v + \Delta v + m/x) = Ⅱ (c + \Delta c)$；

②Ⅰ $(c + v + m) = Ⅰ (c + \Delta c) + Ⅱ (c + \Delta c)$；

③Ⅱ $(c + v + m) = Ⅰ (v + \Delta v + m/x) + Ⅱ (v + \Delta v + m/x)$。

八、论述题

1. 试述社会资本扩大再生产的实现条件及其体现的经济关系。

答：①Ⅰ $(v + \Delta v + m/x) = Ⅱ (c + \Delta c)$（基本实现条件）

第一部类原有的可变资本价值，加上追加的可变资本价值，再加上本部类资本家用于个人消费的剩余价值，三者之和必须等于第二部类原有的不变资本价值和追加的不变资本价值之和。

它一方面表明，第一部类提供给第二部类的生产资料同第二部类对生产资料的需求之间，第二部类提供给第一部类的消费资料同第一部类对消费资料的需求之间，客观上要求保持平衡。另一方面表明了在扩大再生产过程中，两大部类的积累存着互为条件、相互制约的辩证关系。

②Ⅰ $(c + v + m) = Ⅰ (c + \Delta c) + Ⅱ (c + \Delta c)$（派生实现条件）

第一部类全部产品的价值，必须等于两大部类原有的不变资本价值和追加的不变资本价值之和。

它表明，第一部类生产的生产资料，不仅要补偿两大部类已经消耗的生产资料，而且要满足两大部类扩大再生产对生产资料的需求，它反映了在扩大再生产条件下，生产资料生产与生产资料需求之间的关系。

③Ⅱ $(c + v + m) = Ⅰ (V + \Delta v + m/x) + Ⅱ (v + \Delta v + m/x)$（派生实现条件）

第二部类全部产品的价值，必须等于两大部类原有的和追加的可变资本价值，以及资本家用于个人消费的剩余价值之和。

它表明，第二部类生产的消费资料必须与原有的和追加的工人以及资本家对消费资料的需求相平衡，反映了在扩大再生产条件下消费资料生产与社会对消费资料需求的关系。

2. 试述马克思再生产理论对于我们认识资本主义再生产矛盾的重要意义。该理论对社会主义经济建设有何指导意义？

答：（1）马克思再生产理论对于我们认识资本主义再生产矛盾有重要意义。因为它揭露了资本主义社会资本再生产的内在矛盾。首先是揭露了社会资本再生产的实现条件和实现形式的矛盾。再生产理论所揭示了社会总产品的实现条件，实质是要求社会再生产过程中的各种使用价值的生产必须同社会需求相协调，从而要求按照社会需求比例把社会总劳动分配到各个生产部门中去，要求社会各部门按比例发展。但在资本主义条件下，社会总产品的实现形式，即社会两大部类之间和两大部类内部的产品交换，是以极为复杂的商品流通过程为媒介，在市场上自发进行的。再生产所要求的实现条件即比例关系是由市场自发调节的，这就不可避免地会出现比例严重失调，导致实现条件无法经常得到满足。其次是揭露了社会资本再生产中的生产与消费的矛盾。资本主义再生产的基础是资本主义私有制，这就决定了再生产的目的是价值增殖，而不是满足劳动者的物质文化需要，这就必然驱使再生产规模不断扩大，必然加强对劳动者的剥削，劳动者的消费被限制在劳动力价值的狭隘范围内，从而形成生产和消费的矛盾，使社会总产品的实现更加困难。

（2）马克思的再生产理论对社会主义经济建设具有重要指导意义。再生产理论中的关于社会生产分为生产资料生产与消费资料生产的原理，关于在扩大再生产条件下生产资料生产占优先地位的原理，关于第一部类和第二部类之间的比例关系的原理，关于剩余产品是积累的源泉的原理，关于社会基金的形成和用途的原理，关于积累是扩大再生产重要源泉的原理等，不仅对于资本主义社会形态是有效的，而且对于社会主义经济建设也是有重要指导意义的。

九、阅读分析题

答：（1）马克思"社会总资本再生产理论"告诉我们，社会总资本简单再生产和扩大再生产实现的基本条件，是两大部类用于交换的产品在价值量上应该相等，这是社会总资本再生产实现的最理想状态。用今天的话说，就是总供给和总需求平衡是一个社会实现再生产的最佳状态。这一理论在解释具体某个部门或某一类产品的生产状况时，依然是适用的。

（2）上述材料所描述的我国现货钢钢材市场价格下跌、生产企业库存增加、下游需求清淡的情况表明，2013年上半年我国钢材行业的再生产未能实现供需平衡，这种失衡无疑会对下一期钢材行业的总资本再生产产生不良影响。

（3）对今天世界上所有国家来说，供需平衡都是一种理想化的非常规状态，而供需不平衡却是一种常态。供需失衡是诱发经济危机的原因，只不过在资本主义制度下，供需失衡所表现出来的生产过剩，是一种因无产阶级贫困加剧引发的相对过剩。

（4）供需平衡是政府进行宏观调控的主要目标，控制总量平衡一般情况下也是政府的主要经济职责。因此，现阶段我国钢材领域的总量失衡状况的改善，在一定程度上需要依靠我国政府用"看得见的手"，采取经济手段加以调节。

第七章　职能资本和平均利润

一、概念题

1. **成本价格**：是企业生产商品时所耗费的不变资本与可变资本价值之和。这是企业销售商品的最低价格界限，同时也是企业盈亏的分界线。

2. **利润**：是指剩余价值在观念上被看作全部预付资本的产物时，剩余价值就转化为利润，是剩余价值的转化形式。

3. **利润率**：是剩余价值与全部预付资本的比率，是剩余价值率的转化形式。

4. **平均利润**：就是按社会总资本平均计算的利润率，是社会剩余价值总额与社会总资本的比例。各个部门的资本按照平均利润率所获得的利润就是平均利润。

5. **生产价格**：是指商品的成本价格加平均利润构成的价格。它是商品价值的转化形式。

6. **平均利润率**：不同部门之间的竞争使利润率趋向平均化，平均利润率的形成过程是剩余价值在全社会不同部门之间重新分配的过程，是全社会剩余价值同社会预付总资本的比率。

7. **商业资本**：从产业资本中分离出来，在流通领域中独立发挥作用的职能资本，是商品资本的独立化形态。

8. **商业利润**：商业资本家专门从事商品经营活动获得的利润，在数量上相当于平均利润。

9. 商业流通费用：在流通领域内为商品流通服务产生的各种费用，包括生产性流通费用和纯粹流通费用两种形式。

10. 生产性流通费用：与商品使用价值运动有关的各种费用，包括商品的包装费、保管费、运输费等。生产性流通费用从增大了的商品价值中得到补偿。

11. 纯粹性流通费用：由商品的价值形态的变化引起的各种费用，包括商店建筑费用、柜台租金、邮资、通讯、广告费用和商业店员的工资等。纯粹流通费用的补偿是对剩余价值的一种扣除。

二、单项选择题

1. B	2. C	3. C	4. C	5. A
6. B	7. B	8. D	9. A	10. B
11. D	12. B	13. D	14. B	15. A
16. C	17. C	18. A	19. B	20. A
21. B	22. D	23. D	24. A	25. D
26. D	27. B	28. D		

三、多项选择题

1. BCDE	2. CE	3. AD	4. CDE	5. ABCE
6. BE	7. ABCD	8. BDE	9. ADE	10. ABDE
11. ABCE	12. BDE	13. BDE	14. ACDE	15. CDE
16. BCE	17. ABD	18. BCE	19. BCE	20. ABCE
21. ABCD	22. ABE	23. BDE	24. ABE	25. ABC
26. ABCE	27. ACDE	28. BCD	29. ABCDE	30. ABCE

四、判断题

1. √	2. ×	3. ×	4. ×	5. √
6. √	7. √	8. ×	9. ×	10. √
11. ×	12. ×	13. ×	14. √	15. ×

五、辨析题

1. 错误。不同部门的预付资本在数量上是不同的，因此它们根据平均利润率得到的平均利润在数量上也不同。

2. 错误。不同部门由于资本有机构成和资本周转速度不同，会造成资本从利润率低的部门不断转移到利润率高的部门，直至利润率趋向平均化，因此，平均利润率是部门之间竞争的结果。

3. 错误。虽然从表面上看，商业利润来源于商品售卖价格和购买价格之间的差额，事实上资本在流通中是不能自行增殖的。商业利润的真正来源是产业资本家让渡给商业资本家的、由产业工人在生产过程中所创造的剩余价值的一部分。

4. 错误。产业资本家让渡给商业资本家的剩余价值的数量，是不能随意确定的，必须相当于平均利润。这是由资本主义自由竞争和平均利润率规律决定的。

5. 错误。商业利润是由产业资本家让渡给商业资本家的一部分剩余价值，这种让渡是通过商品的购销价格差额来实现的，因此商业利润来源于产业工人创造的剩余价值。商业利润是商业员工在剩余劳动时间内实现的剩余价值，而不是商业员工的劳动所创造的。

6. 错误。利润是剩余价值的转化形式，而平均利润是由利润转化而来的，所以平均利润是工人剩余劳动的产物，而不是全部资本的产物。

7. 错误。尽管利润和剩余价值是把同一个东西看作不同产物的结果，它们在量上一致，但利润率是剩余价值与预付资本的比率，剩余价值率是剩余价值与可变资本的比率，两者是不一致的，利润率总是远远小于剩余价值率。

8. 错误。商业资本是独立从事商品流通活动，在流通领域中发挥作用的资本；而商品资本则是产业资本的一种职能形式。商业资本是商品资本的职能独立化的结果。

六、计算题

1. 答：（1）平均利润率＝（产业部门工人创造的剩余价值+商业部门生产性工人创造的剩余价值 – 纯粹流通费用）/（产业预付资本总额+商业预付资本总额）＝［1800×200%+（100+100）×200%–200］/（16200+1800+1000+300+500+200）=19%

（2）产业平均利润=（16200+1800）×19%=3420（万元）

（3）商业平均利润=（1000+300+500+200）×19%=380（万元）

（4）出厂价格=（16200–13250×4/5）+1800+3420=10820（万元）

（5）商业售卖商品生产价格=出厂价格+商业利润+保管费+运输费+纯粹流通费用=10820+380+300+500+200=12200（万元）

2. 答：

单位：万元

部门	不变资本		可变资本	剩余价值率	平均利润率	平均利润	成本价格	生产价格
	总额	其中固定资本（用 5 年）						
A	5600	5000	400	200%	20%	1200	2000	3200
B	8100	6500	900	200%	20%	1800	3800	5600
C	2500	1700	500	200%	20%	600	1640	2240

七、简答题

1. 成本价格对于企业生产经营活动有何重要意义？

答：成本价格是生产商品所耗费的不变资本和可变资本之和。成本价格对于企业生产经营活动具有重要意义。

（1）成本价格是企业出售其商品的最低价格界限。成本价格反映企业在生产活动中所耗费的资本，企业要盈利，必须使其销售商品的价格高于成本价格。

（2）成本价格是企业竞争成败的关键。同性质的产品在相同的价格水平上，成本价格越低，企业盈利就越多，竞争力就越大；成本价格越低还有利于企业降低其产品价格，占有更大的市场份额。

2. 简述剩余价值与利润之间的关系。

答：剩余价值是由雇佣工人在剩余劳动时间创造的、被资本家无偿占有的、超过劳动力价值的那部分价值，是由可变资本带来的。当剩余价值不再被当作可变资本的产物，在观念上被看作是全部预付资本的产物时，剩余价值便取得了利润这种形态。

剩余价值和利润实际上是同一个概念，都是雇佣工人剩余劳动创造的价值，只不过被看作不同的产物，两者在数量上是相等的。

利润的本质是剩余价值，利润是剩余价值的转化形式。

剩余价值转化为利润后，其真正来源就被掩盖起来了，剩余价值同工人剩余劳动的关系，表现为资本自行增殖的结果。

3. 影响到利润率的因素有哪些？

答：利润率是剩余价值同全部预付资本的比率，因此凡是影响剩余价值量和预付资本量的因素也都是影响利润率的因素。影响利润率的主要因素有：

第一，剩余价值率的高低。凡是能提高剩余价值率的一切方法，都会相应地提高利润率，利润率和剩余价值率两者按同方向变化。

第二，资本有机构成的高低。利润率同资本有机构成按相反方向变化（但不是呈反比例，这种关系不是就个别企业来说，而是就整个生产部门而言的）。

第三，资本周转速度的快慢。资本的年利润率与资本的周转速度呈正比。

第四，不变资本节省的状况。不变资本的节省可以使生产同样的剩余价值只需较少的预付资本，即缩小了利润率公式中分母的数值，从而可提高利润率。

4. 利润率同剩余价值率之间的区别是什么？

答：利润率是剩余价值同预付总资本的比率，剩余价值率是剩余价值同可变资本之间的比率。

利润率和剩余价值率是把同一个剩余价值用不同的计算方法得出的不同结果，即利润率 = 剩余价值/(c+v)，剩余价值率 = 剩余价值/v，因此利润率总是远远小于剩余价值率；利润率表明剩余价值是预付资本的产物，而剩余价值率表明剩余价值是预付可变资本的产物。

5. 简述部门内部竞争与部门之间竞争的区别与联系。

答：区别：（1）竞争的范围不同。部门内部的竞争是同一生产部门内部生产同种产品的各个企业之间的竞争；部门之间的竞争是生产不同商品的不同部门之间的竞争。

（2）竞争的目的不同。同一部门内部的竞争是为了获得超额利润；不同部门之间的竞争是为了争夺有利的投资场所。

（3）竞争的手段不同。部门内部的竞争主要采取改进技术、提高劳动生产率的办法；部门之间的竞争主要采用资本转移的办法，即把资本由利润率低的部门转移到利润率高的部门。

（4）竞争的结果不同。部门内部竞争的结果使同类商品不同的个别价值均衡为统一的社会价值；部门之间的竞争使各个部门不同的利润率形成平均利润率。

联系：部门内部的竞争使不同部门生产的商品具有不同的社会价值和不同的利润率，成为部门之间竞争的基础。

6. 平均利润形成以后，部门内部的各企业是否还有利润率的差别？为什么？

答：平均利润率的形成，是部门之间竞争的结果。部门之间的竞争只是使不同的利润率趋向于平均化，并不排除部门内部各企业之间利润率仍然存在差别。

平均利润形成后，部门内部各企业仍然存在商品的个别生产价格和社会生产价格的差别。个别企业由于生产条件优越，劳动生产率较高，其商品的个别生产价格会低于社会生产价格，从而获得超额利润。

7. 为什么说利润转化为平均利润进一步掩盖了资本主义剥削关系？

答：（1）剩余价值是可变资本带来的，剩余价值转化为利润就已经掩盖了剩余价值的真正源泉，因为利润被看成是全部资本带来的。但这种转化只是一种质上的转化，在量上利润仍等于剩余价值。

（2）当利润转化为平均利润以后，等量资本获得等量利润，平均利润的多少完全取决于资本量的大小。因此，平均利润无论从质上还是从量上都表现为全部预付资本的产物，利润的真正来源完全看不见了，从而进一步掩盖了资本主义剥削关系。

8. 为什么商业利润只能相当于平均利润？

答：（1）商业资本作为一种与产业资本并列的独立的资本形式，同样也要获得利润，而且相当于平均利润。

（2）这是商业部门同产业部门之间的竞争，以及资本转移的结果。通过竞争及资本的转移，使商业资本的利润率与产业资本的利润率趋于平均化，最终它们都得到平均利润。

（3）商业资本参与利润率的平均化过程之后，全社会的平均利润率的公式为：平均利润率=全社会剩余价值/产业资本+商业资本，产业资本家和商业资本家都按这个平均利润率取得平均利润。

八、论述题

1. 试述价值、价格及其与生产价格的关系。

答：（1）价值是凝结在商品中的一般人类劳动。价格是商品价值的货币表现。生产价格由生产成本加平均利润构成。

（2）价格以价值或生产价格为基础，并反映其变化。生产价格形成以前，市场价格在供求关系的影响下，自发地围绕价值上下波动；生产价格形成后，市场价格以生产价格为中心波动。

（3）价格受供求关系影响，经常与价值不一致，但价格并不脱离价值，始终以价值为基础。

（4）价值转化为生产价格后，生产价格与价值在量上经常不一致，但从全社会看，生产价格总额和价值总额是一致的。价值是生产价格的基础，生产价格是价值的转化形式。

2. 以下要素按一定的顺序排列，可以构成政治经济学的一个理论，请你：（1）写出这个理论的名称；（2）将各个要素的序号按顺序正确排列，并详细说明该理论的内容。

① $\bar{P}$；② 资本在各部门之间转移；③ 各部门资本有机构成不同；④ $\bar{P}'$；⑤ P'；⑥ $K + \bar{P}$。

答：（1）这个理论是"生产价格理论"。

（2）序号的正确顺序是：③⑤②④①⑥；

"生产价格理论"的详细内容是：由于各部门之间资本的有机构成不同，因此部门之间的利润率就会有高低不同，资本就会从利润率低的部门向利润率高的部门转移，其结果就会形成平均利润率。平均利润率形成之后，所有资本家都只能依据各自资本额的大小，按平均利润率获取利润，即获取平均利润。平均利润形成之后，生产价格就形成了，生产价格即是成本价格加平均利润。

3. 商品的价值是如何转化为生产价格的?生产价格的形成是否违背价值规律?

答：商品价值转化为生产价格的过程。商品价值等于不变资本价值加可变资本价值加剩余价值，当不变资本和可变资本转化为成本价格，剩余价值便转化为利润。部门之间竞争的结果形成了平均利润率，利润进一步转化为平均利润，商品价值也就转化为生产价格。生产价格是成本价格加平均利润构成的价格，生产价格的形成要以平均利润为前提。在平均利润率形成以后，商品就按照生产价格出售。

生产价格的形成并不违背价值规律。因为：①虽然有的商品生产价格和价值不一致，但是整个社会的商品生产价格总额和价值总额是相等的。②虽然有的部门的剩余价值和资本家获得的平均利润不一致，但是整个社会生产的剩余价值总额和全体资本家获得的平均利润总额是相等的。③生产价格的变动，归根到底取决于价值的变动。价值转化为生产价格以后，市场价格是围绕生产价格上下波动，价值规律就以生产价格规律的形式发生作用，调节着市场价格的变化。

4. 商业利润的来源是什么？商业资本家是怎样获得平均利润的？

答：商业利润是产业资本家转让给商业资本家的、由生产领域中工人创造的剩余价值的一部分。它的转让的过程是：产业资本家按照低于商品生产价格的价格，把商品出售给商业资本家，商业资本家按照商品生产价格确定的销售价格把商品销售给消费者，这两种价格之间的差额就形成了商业利润。

商业资本家必须获得和产业资本家一样的平均利润。这种平均利润，是通过商业资本参加利润率平均化，即通过产业部门和商业部门之间的竞争逐渐形成的。

5. 商业流通费用具有哪些类型？它们是怎样得到补偿的？

答：商业流通费用分为生产性流通费用和纯粹流通费用。生产性流通费用是与商品使用价值运动有关的费用，是生产过程在流通领域内的延续所产生的费用。这种费用能够增加商品的价值和剩余价值，因此它的补偿是从增大了的商品价值中得到补偿。纯粹流通费用不是生产商品使用价值的花费，而是实现商品价值时的花费，这种费用不增加商品的价值和剩余价值，只能从社会总剩余价值中得到补偿。对于整个社会来说，纯粹流通费用都是虚费，是对剩余价值的一种扣除。

九、阅读分析题

答：（1）马克思主义政治经济学原理告诉我们，成本价格对资本家的意义首先就在于它是企业盈亏的界限，企业只有把成本降到最低，才能在最大程度上实现利润。沃尔玛实施"成本领先"战略的实例表明，其经营者对于这一点具有深切体会。

（2）成本价格同时还是资本家在竞争中能否取胜的关键。企业成本价格的高低，实际上标志着该企业在同类企业中劳动生产率的高低，由于价值规律的作用，劳动生产率低的企业，在竞争中处于劣势，有被淘汰出局的风险，因此沃尔玛会在购货、运输、配送、管理等诸多环节节约成本。

（3）成本价格掩盖了资本家对工人的剥削关系。因为首先成本价格混淆了不变资本与可变资本的区别，这不仅使剩余价值的来源变得模糊不清，而且因成本价格的节约本质上包含了对可变资本的节约，就有可能使得对工人剥削程度的提高或者工资被强行克扣的情况都被掩盖了。总之，不管沃尔玛及其他任何资本主义企业如何节约成本，都改变不了利润（剩余价值）只能来源于可变资本的实质。

第八章　生息资本与利息

一、概念题

1. 借贷资本：是指借贷资本家为了取得利息而暂时贷给职能资本家使用的货币资本，它是生息资本的一种形式。

2. 利息率：利息率是一定时期内的利息量同借贷资本的比率，利息率大于零而小于平均利润率。

3. 利息：利息是职能资本家为了取得贷款而付给借贷资本家的一部分利润。它是剩余价值的一种特殊转化形式，体现了借贷资本家与职能资本家之间共同瓜分剩余价值、剥削工人的经济关系。

4. 商业信用：商业信用是职能资本家之间采取延期付款的方式赊购商品所形成的借贷关系，商业信用的对象是商品资本，它的债权人和债务人都是职能资本家。

5. 银行信用：银行信用是银行或其他金融机构向职能资本家提供贷款所形成的借贷关系，银行信用的对象是货币资本，它的债权人是银行或其他金融机构，它的债务人是职能资本家。

6. 股份公司：股份公司是指通过发行股票的形式筹集资本联合经营的企业。

7. 股票：股票是股份公司发给股东的以证明其投资入股并借以取得股息的凭证。股票本身没有价值，但有价格，可以在股票市场上买卖，股票价格是股息的资本化收入。

8. 股息：股息是股票所有者凭股票从公司盈利中分得的收入，它是企业利润的一部分，是剩余价值的一种特殊转化形式。

二、单项选择题

1. D	2. C	3. D	4. B	5. A
6. B	7. D	8. C	9. B	10. C
11. A	12. A	13. A	14. C	15. A
16. C	17. B	18. D	19. A	

三、多项选择题

1. BCDE	2. ACDE	3. ABCDE	4. AE	5. AC
6. ABC	7. ABCDE	8. BCE	9. BCE	10. ABCDE
11. CDE	12. AC	13. ABC	14. BDE	15. ABCDE
16. ABCDE	17. BCE	18. ABCE	19. ABC	20. BCDE

四、判断题

1. ×	2. √	3. ×	4. ×	5. √
6. √	7. √	8. ×		

五、辨析题

1. 错误。借贷资本是借贷资本家为了取得利息而暂时贷给职能资本家使用的货币资本。银行资本是一种借贷资本，但借贷资本不仅包括银行资本，还有其他为取得利息而贷放的货币资本。

2. 错误。借贷资本形成后，平均利润分成了利息和企业利润两部分。这种量的分割一旦独立并固定下来，便会转化成质的区别，利息与资本所有权相结合，企业利润则表现为职能资本家管理企业和监督劳动的报酬。但不管是利息还是企业利润，它们都是剩余价值的转化形式。

3. 错误。借贷资本是一种独特的资本形态，在借贷资本家手中并没有发挥资本的职能，而是作为一种财产，即所有权资本。借贷资本家凭借这种所有权获取利息。利息是职能资本家为了取得资本的使用权而付给借贷资本家的一部分利润，因此，利息只是平均利润的一部分，小于平均利润，而不会等于平均利润。

4. 错误。产业资本和商业资本都属于职能资本，因此产业资本家和商业资本家都是按照社会平均利润率获得的。而借贷资本只是一种生息资本，不是职能资本。借贷资本家凭借资本的所有权获取利息，利息是由职能资本家为了取得货币的使用权而付给借贷资本家的一部分利润，利息小于平均利润。

5. 正确。银行是专门经营货币资本业务的特殊企业，银行资本家投资银行从事银行业务要获得银行利润。虽然银行利润的构成比较复杂，但是银行利润相当于平均利润。这是由银行部门与产业部门、商业部门之间的竞争和资本转移所决定的。

6. 错误。有价证券的出现，使同一资本取得了双重的存在。一方面，资本以现实资本的形式存在，表现为机器、厂房、工具、原材料和劳动力等。另一方面，资本以虚拟资本的形式存在。虚拟资本本身没有价值，但能给它的持有者定期带来一定收入，如有价证券。然而，它不再是再生产过程中发挥现实作用的真实资本，仅是一种"想象的货币财产"，是一种由于可以获得证券收入而虚拟出来的资本。两者无论在性质上还是在数量上都是不同的。

六、计算题

1. 答：（1）借贷资本家获得的利息：20000×5%=1000（元）

（2）产业资本家的预付资本总额是：6+2=8（万元）

产业资本家获得的剩余价值总量是：（8×1/4）×100%=2（万元）

平均利润率=2/（8+2）=20%

产业资本家实际获得的利润=8×20%-0.1=1.5（万元）

（3）商业资本家获得的利润=2×20%=0.4（万元）

2. 答：（1）该银行共有资本：90+10.5=100.5（万元）

（2）贷出资本：100.5-0.5=100（万元）

（3）贷款利息：100×5%=5（万元）

存款利息：90×3%=2.7（万元）

银行利润：5-2.7-0.5=1.8（万元）

银行利润率：1.8/10.5=17%

3. 答：每张股票的股息额：10000/10=1000（元）

每张股票的价格：1000/5%=20000（元）

10 张股票的价格总额：20000×10=20（万元）

七、简答题

1. 借贷资本有哪些特点？

答：借贷资本的特点有：①借贷资本具有特殊的运动形式，表现为从货币资本到更多的货币资本，它既不像产业资本要经过生产过程，也不像商业资本要经过流通过程。②借贷资本是一种资本商品，具有特殊的使用价值，即生产利润的能力。③借贷资本使资本的所有权和使用权相分离，同一个资本具有了双重存在：对借贷资本家来说，它是财产资本，即所有权资本；对职能资本家来说，它是实际发生作用的职能资本。④借贷资本是最富有资本拜物教性质的资本。借贷资本的利息好像是由货币资本本身产生出来的，歪曲了利息的真正来源。

2. 什么是利息率？影响利息率的因素有哪些？

答：利息率是在一定的时期内（通常按年计算）利息量与借贷资本额之间的比率，即利息率=利息/借贷资本。

影响利息率高低的主要因素有：①平均利润率的高低。在其他条件已定的情况下，利息率与平均利润率按相同的方向变动。②借贷资本的供求状况。在其他条件不变的情况下，如果借贷资本供过于求，利息率就会下降；反之，则会提高。③法律和习惯。如果利息率不能由经济上的内在依据决定，则由传统习惯和法律决定。

3. 什么是借贷资本？它是怎样形成的？

答：借贷资本，是借贷资本家为了获得利息而暂时贷放给职能资本家使用的货币资本。它是在资本运动的基础上，从工商业资本中独立出来的，并为它们服务的特殊资本形式。在资本主义再生产过程中，一方面有一些资本家的货币资本暂时闲置起来，另一方面又有一些资本家急需补充货币资本，于是，在两部分资本家之间形成了借贷关系，使货币资本转化为借贷资本。

4. 什么是银行利润？它是如何形成的？

答：（1）银行资本家投资经营银行业务而获得的利润就是银行利润，相当于平均利润。

（2）银行利润由存款利息和贷款利息的差额构成。银行贷款的利息高于存款利息，两者的差额加上各种业务手续费收入，再扣除银行业务费用就构成银行利润。银行利润的来源归根结底也是产业工人创造的剩余价值的一部分。

5. 商业信用的特点及其局限性是什么？

答：（1）商业信用是职能资本家之间以赊账方式买卖商品（或提供劳务）时，用延期付款方式所形成的借贷关系。

（2）资本主义商业信用的特点是：第一，商业信用的对象是处在产业资本和商业资本循环一定阶段上的商品资本。第二，商业信用主要是职能资本家之间在商品买卖中相互提供的信用。第三，商业信用的发展程度直接依存于资本主义生产和流通的状况。

（3）商业信用的局限性是：第一，商业信用的规模和期限受单个资本家拥有的资本数量和资本周转状况的限制。第二，商业信用受商品使用价值流转方向的限制。

6. 银行信用的特点及银行利润的来源是什么？

答：（1）银行信用是银行或其他金融机构向职能资本家提供贷款而形成的借贷关系。

（2）银行信用的特点是：第一，银行信用不受个别资本数量和周转速度的限制；第二，银行信用的对象是货币资本；第三，银行信用的债务人是职能资本家，债权人是借贷资本家；第四，银行信用不受到个别资本规模和周转速度的限制；第五，银行信用不受商品使用价值流转方向的限制。

（3）银行利润由贷款利息减去存款利息和银行经营费用的差额构成，在量上相当于平均利润，其来源是产业工人在生产中创造的剩余价值，银行资本家也参与了剩余价值的瓜分。

7. 简述银行信用的概念及其信用业务。

答：银行信用是由银行资本家向职能资本家提供贷款而形成的借贷关系。银行的信用业务有负债业务和资产业务。其中负债业务是指以吸收存款的方式借入资本，资产业务是指银行通过发放贷款贷出资本或者运用资本的业务。

8. 股票价格是如何决定的？

答：（1）股票是它的持有者向股份公司投资入股并有权取得股息收入的凭证。

（2）股票本身没有价值，但它能带来股息收入，它作为一种特殊商品可以买卖，也有价格。股票价格不是它所代表的实际资本价值的货币表现，实际上是股息收入的资本化。

（3）股票价格取决于两个基本因素：股息和存款利息率，它与股息成正比，与利息率成反比。用公式表示：股票价格=股息/利息率。

八、论述题

1. 试述借贷资本家如何以利息这种形式参与对剩余价值的瓜分。

答：在资本主义社会，参与剩余价值瓜分的，除了产业资本家和商业资本家外，还有借贷资本家等资本家集团。借贷资本家是专门从事货币资本借贷活动的资本家集团，借贷资本的形成是同资本主义再生产过程相联系的。产业资本在其循环和周转过程中，一方面会出现大量暂时闲置的货币资本；另一方面又会有临时补充货币资本的需要。暂时闲置的货币资本不能发挥资本职能，这是同资本的本性相矛盾的。因此，在它们之间必然形成一种借贷关系。借贷资本使资本的所有权和使用权相分离。职能资本家用借来的货币资本从事生产经营活动，得到的平均利润不能完全独占，必须将其中的一部分以利息的形式付给借贷资本家，余下的才是凭资本使用权而获得的企业利润。借贷资本家凭资本所有权获得利息，表面上利息似乎是由货币本身产生的，其实，利息是平均利润的一部分。平均利润是剩余价值的转化形式，所以利息是剩余价值的一种特殊转化形式，体现着借贷资本家和职能资本家共同剥削雇佣工人的关系。

2. 试述借贷资本的形成和平均利润的分割。

答：（1）借贷资本是为了取得利息而暂时贷给职能资本家使用的货币资本。借贷资本是从职能资本运动中独立出来的特殊资本形式，它的形成同资本主义再生产过程中的资本循环有密切联系。

（2）在职能资本循环过程中，会产生大量的闲置货币资本，主要包括：暂时还未用于更新的固定资本折旧费、暂时闲置的流动资本和用于积累而没有马上投资的剩余价值。这些暂时闲置的货币资本不能为它的所有者提供利润，这同资本的本性相矛盾。于是，货币资本的所有者就要为它寻求价值增值的出路。而在资本主义再生产过程中，也有一些资本家由于需要提前更新固定资产、购买原材料或支付工资、扩大再生产等原因，急需补充大量货币资本，而自有资本又欠缺，在这种情况下，在货币资本家和职能资本家之间就会形成借贷关系。职能资本家使用借贷资本家的一定量货币资本，期满后还本付息。这样，从职能资本运动中游离出来的货币资本，便转化为借贷资本。

（3）借贷资本形成后，出现了资本所有权和使用权的分离。平均利润就要相应分为两部分：一部分以利息形式支付给借贷资本家，另一部分以企业利润形式归职能资本家占有。平均利润的这种分割反映了借贷资本家和职能资本家共同瓜分雇佣工人创造的剩余价值的关系。

3. 借贷资本的本质和特点是什么？

答：借贷资本从本质上看，它既体现着资本家剥削雇佣工人的关系，也体现着借贷资本家和职能资本家共同瓜分剩余价值的关系。

借贷资本具有以下几个特点：第一，它是一种作为商品的资本，即资本商品。作为资本的货币具有双重使用价值：一是货币的使用价值；二是资本的使用价值。借贷资本家把货币贷给职能资本家使用，实际上是把货币作为资本的使用价值，即生产利润的能力转让给职能资本家。从资本作为一种生产利润的手段来看，借贷资本变成了资本商品。但它与普通商品有着重大区别。第二，它是一种作为财产的资本，即所有权资本。借贷资本家手里的货币，并没有发挥资本的职能，只是作为一种财产归他所有。只有当它转入职能资本家手里，生产剩余价值或实现剩余价值时，才真正转化为资本。这样借贷资本使资本的所有权和使用权发生分离。第三，它是最具有拜物教性质的资本。这一特点源自借贷资本特殊的运动形式：G—G′。

4. 为什么银行资本家能获得平均利润？

答：银行资本家投资银行部门，其目的是要求获得平均利润。这和一般借贷资本家只能得到低于平均利润的利息不同。一般借贷资本家在货币资本贷出去之后，既无须参与经营又不担风险，所以只能得到低于平均利润的利息。银行资本家因为有自己独立的投资，并且独立经营，因此，要求取得与自有资本相适应的平均利润。否则，他就会把资本转移到能够获得平均利润的别的部门。银行业与工商业部门之间的竞争和资本转移，使银行业与工商业部门的利润率平均化，使银行利润率即银行利润与银行自有资本的比率相当于社会平均利润率，从而使银行资本家能获得平均利润。

九、阅读分析题

答：（1）资本主义信用伴随着商品经济由低级阶段向高级阶段不断的发展而发展，但无论是商业信用还是银行信用都是一把双刃剑，其一方面会拓展商品交换的领域、增加商品交换的数量，进而促进市场经济的不断繁荣，另一方面也会因为信用链条的不断延长而沉淀危机的风险。2007年的美国金融危机，就是这种风险爆发的一个典型例证。

（2）由于资本主义基本矛盾的存在，这种周期性的金融危机就成了资本主义国家自身无法克服的顽疾之一。由于生产资料的私人占有，会造成个人或小集团只关注自己的经济利益而与全社会的经济平衡发展产生严重冲突。一方面由于投资者滥用金融衍生品，大量转移自身的风险，另一方面国家又在自由资本主义理论指导下，放松了对金融系统的监管和适度的提前消化，最终造成金融危机的总爆发。可以预见，如果以美国为首的资本主义国家继续维持这种"信用经济模式"不变，如果没有一种新的经济发展模式被创造出来，类似这样的金融危机每隔一段时间就会爆发一次。

（3）应对全球金融危机，需要各国政府抛弃成见，秉承为全人类谋福祉的崇高品格，在更高一级的共享平台上加强合作，共同协调化解风险。在一定程度上，这次席卷全球的金融危机的爆发，可以说是催生全球金融公有体制建立的一个警示。

第九章　地租及其形式

一、概念题

1. 租金：是指农业资本家在一定时期内向土地所有者缴纳的全部货币额。租金除地租外，还包括土地上的固定资本折旧费和利息，农业资本家的一部分平均利润，农业工人的一部分工资。

2. 地租：是指土地所有者凭借土地的所有权而获得的收入，是农业资本家缴付给大土地所有者的超过平均利润以上的那部分剩余价值，体现了农业资本家和大土地所有者共同剥削农业工人的经济关系。

3. 绝对地租：由土地私有权的垄断决定了租种任何土地都必须绝对缴纳的地租。

4. 土地私有权垄断：是指资本主义农业中有限的土地被私人土地所有者占有以后，别人无法再拥有对土地这种生产资料的私有权。

5. 级差地租：级差地租指耕种某些较好的土地而获得的归土地所有者占有的那一部分超额利润，是农产品的个别生产价格低于社会生产价格而形成的超额利润。它包括级差地租Ⅰ和级差地租Ⅱ。

6. 级差地租Ⅰ：级差地租Ⅰ是由于土地肥沃程度的差别和地理位置的差别等条件而形成的级差地租。

7. 级差地租Ⅱ：级差地租Ⅱ是由于在同一块土地上连续投资的劳动生产率不同而形成的级差地租。

8. 土地价格：土地价格是买卖土地的价格，即资本化的地租。它和地租成正比，和银行利息率成反比。

二、单项选择题

1. C　　　2. B　　　3. B　　　4. D　　　5. B

6. A　　　7. C　　　8. A　　　9. D　　　10.B

11. D　　12. B　　13. B　　14. B　　15. A

16. D　　17. B　　18. B　　19. B　　20. D

三、多项选择题

1. BCE　　2. ABE　　3. AD　　4. ABCDE　　5. ACE

6. CDE　　7. AC　　8. ABDE　　9. DE　　10. ABCDE

11. ADE　　12. CD　　13. ABCD　　14. ABCDE

四、判断题

1. ×　　　2. √　　　3. ×　　　4. ×　　　5. ×

6. √　　　7. √　　　8. ×　　　9. √　　　10. ×

11. ×　　12. ×　　13. ×　　14. √

五、辨析题

1. 错误。由于绝对地租的存在，农产品必须按照价值而不是社会生产价格出售。

2. 错误。资本主义地租是农业资本家由于使用土地而交给土地所有者的，由农业工人创造的超过平均利润以上的那部分剩余价值，而不是农业资本家交给土地所有者的一部分平均利润。农业资本家投资于农业要获取平均利润。

3. 错误。形成级差地租的原因是土地经营权的垄断，土地私有权的垄断是绝对地租形成的原因。

4. 错误。地租是土地所有权在经济上的实现形式，不论土地私有制，还是土地公有制，只要土地所有权与土地使用权分离，就必须缴纳地租才能获得土地使用权。

六、计算题

1. 答：该农业资本家每年获得的利润为平均利润，即：12×20%＝2.4（万元）

该农场每年获得的剩余价值为：4×100%＝4（万元）

该农场生产的农产品个别生产价格为：12+2.4＝14.4（万元）

农产品的社会生产价格为：1000×156＝15.6（万元）

级差地租等于：15.6−14.4＝1.2（万元）

绝对地租等于：c+v+m−($k+\bar{p}$)＝（12+4）−15.6＝0.4（万元）

2. 答：（1）平均利润率＝（20+30+40）/300×100%　＝30%

（2）农业资本家得到的平均利润＝100×30%　＝30（元）

农产品的社会生产价格＝（100+30）/13　＝10（元/担）

①劣等地的所有者得到的级差地租＝0

中等地的所有者得到的级差地租＝（16−13）×10＝30（元）

优等地的所有者得到的级差地租＝（19−13）×10＝60（元）

②农产品的价值＝60c+40v+40m＝140（元）

劣等地所有者得到的绝对地租＝140−130＝10（元）

3. 答：农产品的社会生产价格由甲地的生产条件决定，即：100×4+50×4＝600（元）

甲地的级差地租＝600−600＝0（元）

乙地的级差地租＝600−（100×4+10×4）＝160（元）

丙地的级差地租＝600−（100×4+5×4）＝180（元）

七、简答题

1. 简述资本主义地租的特征和本质。

答：资本主义地租的主要特征是：第一，它以资本主义土地私有制为前提，土地所有者与劳动者之间不再是人身依附关系，而表现为一种纯粹的经济契约关系。第二，农业雇佣工人所创造的剩余价值，由土地所有者和农业资本家共同瓜分，土地所有者得到地租，农业资本家得到平均利润。所以，资本主义地租只能是由农业工人所创造的超过平均利润以上的那一部分剩余价值，即由超额利润所构成。第三，资本主义地租体现了资本主义社会三个阶级之间的对立关系，即农业资本家和土地所有者共同瓜分农业工人创造的剩余价值的关系。

资本主义地租的本质。资本主义地租是农业资本家租种地主的土地而向地主缴纳的那一部分剩余价值，它是农业工人所创造的超过平均利润以上的那一部分剩余价值，即超额利润，是剩余价值的转化形式。

2. 农业中形成级差地租的超额利润与工业中的超额利润有什么区别？

答：农业中形成级差地租的超额利润与工业中的超额利润相比有明显的区别：①农业中的超额利润比较稳定；②农业中的超额利润的范围比较广，经营优等地和中等地的农业资本家都能获得。因此，只要获得了优等地、中等土地的经营权的垄断，就能获得长期稳定的超额利润，从而转化为级差地租。

3. 为什么说绝对地租产生的原因是土地私有权的垄断？

答：（1）土地私有权的垄断，排斥其他资本自由转入农业部门，因而农业中生产的剩余价值不参加全社会利润率的平均化过程，从而使农产品能够按照其价值而不是生产价格出售，价值高于社会生产价格所产生的超额利润，就留在农业部门并转化为绝对地租。

（2）土地私有权的垄断，使得农业资本家要租种土地，就必须缴纳地租，从而农产品价值高于社会生产价格的超额利润，必须留在农业部门形成绝对地租。

4. 级差地租Ⅰ和级差地租Ⅱ有何联系和区别？

答：级差地租Ⅰ是在肥沃程度较高和地理位置较好的土地上产生的超额利润而形成的级差地租。级差地租Ⅱ是指在同一块土地上连续追加投资、提高劳动生产率所获得的超额利润而形成的级差地租。

级差地租Ⅰ和级差地租Ⅱ的联系表现在：首先，从历史上看，级差地租Ⅰ先于级差地租Ⅱ。其次，从级差地租Ⅱ在每一时期的运动来看，级差地租Ⅰ也是级差地租Ⅱ的基础和出发点。最后，级差地租的这两种形态在本质上是相同的。

级差地租Ⅰ和级差地租Ⅱ的区别表现在：第一，它们形成的具体条件不同。第二，级差地租为谁占有也有所不同。级差地租Ⅱ在租约有效期内归农业资本家所有，续约时才可能被土地所有者以提高地租为由而占为己有。级差地租Ⅰ则直接归土地所有者占有。

5. 马克思的地租理论告诉我们，农业资本家无论是租种优等地还是租种劣等地都只能获得平均利润。假如让你承包村里的土地，你是选择承包优等地还是劣等地？为什么？

答：承包优等地。因为优等地的生产条件天然优于劣等地，在同等条件下，优等地的劳动生产率会高于劣等地，这样在优等地上追加投资就可能因为劳动生产率高而产生超额利润，尽管这一超额利润最终会成为级差地租Ⅱ为土地所有者占有，但在土地租约的有效合同期内，却能归农业资本家所得。而在劣等地上的任何努力，都不可能获得这样的超额利润。所以拥有了优等地的经营权，就意味着拥有了获得超额利润的生产条件。

6. 土地价格是如何决定的？

答：（1）资本主义社会的土地是被私人占有的，并能凭借土地所有权取得地租。因此，土地可作为商品出卖，也就有了价格。

（2）土地价格是资本化的地租，即土地价格相当于取得这笔地租收入的货币资本。土地价格由两个因素所决定：一是地租数量的高低，二是银行存款利息率的高低。土地价格与地租量成正比，与银行利息率成反比。用公式表示为：土地价格=地租/利息率。

八、论述题

1. 试述级差地租产生的原因、条件同绝对地租有何区别？二者的来源有何异同？

答：级差地租是与土地的等级差别相联系的地租，它是由农产品的个别生产价格低于社会生产价格所形成的。绝对地租是由于土地私有权的存在，租种任何土地包括劣等土地也要缴纳的地租，它是由农产品的社会生产价格低于价值所形成的。

（1）级差地租形成的条件是土地在肥沃程度、地理位置等方面存在差别。由于土地有肥沃程度、地理位置等方面的差别，因而同量资本投入生产条件不同而面积相同的土地，劳动生产率和产量收益也不相同。而农产品的社会生产价格由条件最差的劣等地的生产条件所决定，这样，租种劣等地的农业资本家才能获得平均利润。投资较好的优等地和中等地的农业资本家，其农产品的个别生产价格低于社会生产价格，这个超额利润便作为级差地租缴纳给土地所有者，农业资本家自己则获得平均利润。绝对地租形成的条件是农业资本有机构成低于工业或社会平均资本有机构成。农业资本有机构成较低，同量资本在农业中可推动更多的活劳动，在剩余价值率相同的情况下，农业部门所创造的剩余价值高于工业部门，从而农产品的价值便会高于其社会生产价格。农产品的价值高于社会生产价格而产生的超额利润，便形成绝对地租。

（2）级差地租形成的原因是对土地经营权的垄断。对土地经营权的垄断是指在土地有限，特别是优等地和中等地有限的条件下，土地的使用被农业资本家垄断。土地经营权的垄断，使得其他部门的资本不能自由转入农业经营，特别是不能自由投到优等地和中等地，限制了农业部门中的竞争。这就使得经营优等地和中等地的农业资本家都能获得超额利润。同时，土地经营权的垄断还使农业中的超额利润可以长期稳定地存在，这个超额利润便形成级差地租。绝对地租形成的原因是土地私有权的垄断。土地私有权的垄断是指农业中有限的土地被私人土地所有者占有以后，别人无法再拥有对土地这种生产资料的私有权，形成了对土地的私有权垄断。这种土地私有权垄断阻碍和排斥资本自由转入农业部门，限制了部门之间的竞争。因而农业中的剩余价值并不参加全社会的利润率平均化过程。而且，土地私有权垄断还决定了租种任何土地都必须缴纳绝对地租。所以，土地私有权垄断使得农产品可以按照高于社会生产价格的价值出售，农业资本家获得平均利润，价值高于社会生产价格的超额利润便形成绝对地租。

（3）级差地租和绝对地租的来源在本质上都是相同的，都是来源于农业雇佣工人的剩余劳动所创造的剩余价值。

2. 试论当代农业的绝对地租的来源。

答：绝对地租是由于对土地私有权的垄断所获得的剥削收入。产生绝对地租的原因是土地私有权的垄断，而形成绝对地租的条件是农业资本有机构成低于工业资本有机构成。这就使从事农业的资本家能够获取由农产品价值和生产价格的差额所形成的超额利润。

当代资本主义农业的发展出现了新的情况，即随着农业现代化的发展，农业资本有机构成日益提高，在一些发达国家，农业资本有机构成已经等于甚至超过了工业的资本有机构成，这时，由农产品价值高于生产价格而形成的超额利润就不复存在，因此原来意义上的绝对地租也就不存在了。但是，只要存在着资本主义土地私有权的垄断，就存在绝对地租。这时的绝对地租有两个来源：一是农产品的垄断价格；二是对农业资本家的平均利润和农业工人工资的一部分扣除。

在资本主义经济发展过程中，一些国家会出现农产品价格下降等情况，这时的绝对地租只能来源于利润和工资的扣除，这就会导致租佃关系缩小和土地所有者兼营土地现象增多。同时这种情况往往还伴随着政府的巨额补贴，体现了国民收入的一种再分配。

九、阅读分析题

答：上述材料所描述的事件，撇开法律方面的问题不谈，运用马克思主义政治经济学级差地租的相关理论，就能很好地进行解释。

首先，土地会因为肥沃程度和地理位置的不同，自然分为优、中、劣三等，其中优等地、中等地需要缴纳级差地租。级差地租又有Ⅰ和Ⅱ之分，级差地租Ⅰ与土地的天然等级条件相联系，是一种天然就归土地所有者所有的地租。级差地租Ⅱ，则是由土地经营者在同一块中等地或优等地上进行集约化经营而获得的平均利润之上的超额利润转交给土地所有者的。这种超额利润并非是天然就归土地所有者所有的，它在合同期内归土地经营者所有，在合同期外才会最终归土地所有者所有，一般情况下，它是通过土地经营者和土地所有者谈判逐渐转移给土地所有者的。因此，优等地、中等地的经营者只要有效地进行集约化经营，在合同期内就能获得劣等地经营者无法得到的超额利润——级差地租Ⅱ。材料中李女士等人承包的土地"在居民住宅区的中心位置"，因此应该是一块中等以上的土地，而不应该是一块劣等地。加上李女士等人经营的是"种植花卉育苗"，附加值高于粮食种植，在合同期内，村委会"强拆了温室大棚收回土地"的行为，不仅造成了李女士等人的资产损失，而且剥夺了他们的"超额利润"收益权，他们的经济损失可谓是双重的，这必然会引起李女士等人的强烈不满，他们将昌吉市二六工镇十二分村村委会和二六工镇政府一并告上法庭并索赔是完全合情、合理、合法的。

其次，土地虽然不是商品，但是地租收益会使土地有价格，而且土地的有限性还会使这个价格不断上涨。十二分村的村民现在发现"几十户村民都没有宅基地，无处安身"，二六工镇领导现在发现"以前的空地都逐渐变成了热地"，李女士等人的经营活动使村委会现在发现，可能带给他们"超额利润"等，无不从不同角度说明当年的那块"几乎没有什么谈判条件"的"空白地"，今天已经成了"铺满黄金的风水宝地"。因此，与之相关的各种人等都恨不得为分得一份租金而踏上一只脚，这便是引发这起经济纠纷背后的经济根源。

第十章 垄断资本及其发展

一、概念题

1. 垄断：垄断是指一个或几个大型企业占有一个经济部门的绝大部分的生产或市场份额，并控制相关商品的价格，从而获取高额垄断利润的情况。垄断也叫独占。

2. 垄断利润：是指垄断资本凭借其在生产和流通中的垄断地位所获得的大大超过平均利润的高额利润。垄断利润是垄断统治在经济上的实现形式。

3. 垄断高价：指垄断组织在销售其产品时所规定的大大超过其价值和生产价格的市场高价。

4. 垄断低价：垄断组织向非垄断企业和小生产者购买原材料和初级产品时所规定的大大低于其价值和生产价格的市场低价。

5. 金融资本：是由垄断的工业资本和垄断的银行资本融合或混合生长形成的一种新型的资本形式，是垄断资本主义国家中社会经济生活各个方面实际的统治者。

6. 金融寡头：是指掌握金融资本，操纵国民经济命脉，并在实际上控制国家政权的少数垄断资本家或垄断资本家集团。金融寡头在经济上的统治，主要是通过实行"参与制"实现的；在政治上的统治，主要是通过"个人联合"的方式实现的。

7. 国家垄断资本主义：它是私人垄断资本与国家政权相互融合的产物，是资本主义国家基本矛盾激化的必然产物，同时在一定程度上又缓和了资本主义基本矛盾。国家垄断资本主义的形成，意味着资本主义国家开始全面干预社会经济生活，对社会经济活动进行控制和支配。

8. 经济全球化：指国际经济发展中的这样一种趋势，即在生产不断发展，科技加速进步，社会分工和国际分工不断深入，生产的社会化、国际化程度不断提高的情形下，世界各国、各地区的经济活动越来越超出一国和地区的范围而相互紧密联系在一起。经济全球化本质上是资源配置的国际化。

二、单项选择题

1. D	2. A	3. D	4. B	5. A
6. C	7. C	8. D	9. D	10. A
11. D	12. D	13. D	14. D	15. D
16. D	17. C	18. A	19. A	20. B
21. B	22. A	23. A	24. C	25. A
26. B				

三、多项选择题

1. DE	2. ABE	3. ABC	4. ABCDE	5. ABCDE
6. ABD	7. ABCDE	8. BCD	9. ACDE	10. ABCDE
11. ABCD	12. ABCDE	13. ABCD	14. ABCDE	15. ABCD
16. ABCE	17. ABC			

四、判断题

1. ×	2. ×	3. ×	4. ×	5. ×

五、辨析题

1. 正确。生产集中是垄断形成的物质基础，垄断是生产集中发展到一定阶段的必然产物。第一，当生产集中发展到一定阶段时产生了垄断的可能性。第二，生产集中发展到一定阶段时也产生了垄断的必要性。

2. 错误。垄断组织虽然有权制定垄断价格，但并不意味着垄断资本家可以随心所欲地规定商品的价格。这是因为垄断价格还受到以下因素的制约：第一，竞争的因素；第二，商品的需求；第三，产品的成本。因此，垄断价格不是一种垄断组织可以随心所欲定价的主观意志范畴，而是一个客观经济范畴。

3. 错误。金融资本是垄断资本主义时期占统治地位的资本形态。它是在生产集中形成垄断、垄断占统治地位的条件下产生的。金融资本不是一般工业资本和一般银行资本的结合，而是垄断的工业资本和垄断的银行资本相结合的一种新型资本。

4. 错误。这是因为：第一，国家垄断资本主义是私人垄断资本和国家政权相结合的产物，它是资本主义基本矛盾尖锐化的产物，是在资本主义生产关系范围内的局部调整，而不是变革。第二，国家垄断资本主义并未改变资本主义私有制的性质。第三，在一些资本形式上虽然采取了国有化的形式，但资产阶级国家是资产阶级经济和政治利益的总代表，是为整个垄断资产阶级经济利益服务的工具。

5. 错误。国际卡特尔是各国经营同种商品的大垄断组织，用签订协议的方式而结成的国际垄断同盟。而跨国公司是指发达资本主义国家中那些通过对外投资，在国外设立子公司和分支机构，从事生产、销售和其他经营活动，以获取高额垄断利润为目的的大型垄断企业。虽然就其目的、垄断性和国际性而言，二者有共同之处，但是国际卡特尔与跨国公司是截然不同的两类垄断组织，不能说跨国公司是国际卡特尔的发展和完善，二者具有明显的区别。国际卡特尔是第二次世界大战以前，私人垄断资本国际垄断同盟的主要组织形式，而跨国公司则是第二次世界大战以后私人垄断资本国际化的主要垄断组织形式。

六、简答题

1. 垄断是怎样形成的？

答：（1）垄断是指少数资本主义大企业联合起来，控制、操纵一个部门或几个部门的产品生产和销售市场，以获取高额垄断利润的经济现象。

（2）竞争使生产和资本越来越集中于少数大企业手中。生产和资本集中到一定程度就必然形成垄断：首先，当一个部门的生产和资本高度集中时，就会使竞争遇到严重的阻碍，这必然使大企业居于支配地位。其次，实力均衡、为数不多的大企业比较容易达成联合的协议。再次，少数大企业为了稳定地获取高额垄断利润以及避免在竞争中的两败俱伤，也需要联合起来控制市场。

2. 简述垄断利润的来源。

答：垄断利润的主要来源有四个方面：①垄断企业内部雇佣工人创造的剩余价值；②通过垄断价格对非垄断企业工人创造的一部分剩余价值和小生产者创造的一部分价值的剥夺；③通过垄断价格和对外扩张，获得殖民地、附属国和其他落后国家劳动人民创造的一部分价值；④通过国家财政进行国民收入再分配，获得国内人民必要劳动创造的一部分价值。

3. 垄断价格背离商品的价值或生产价格，为什么说垄断价格的出现并没有也不可能否定价值规律？

答：垄断价格，是指垄断组织在销售商品或购买生产资料时，凭借其垄断地位，规定的旨在保证最大限度利润的市场价格。它包括垄断高价和垄断低价。垄断价格虽然经常背离商品的价值或生产价格，但它并没有违背价值规律。这是因为：第一，垄断价格的总额仍然和价值总额、生产价格总额相当。第二，垄断利润总额与平均利润总额、剩余价值总额相当。第三，垄断价格的制定，仍然要受到市场机制的制约。

4. 简述"二战"后国家垄断资本主义迅速发展的原因。

答："二战"后国家垄断资本主义迅速发展的根本原因是资本主义基本矛盾发展的结果。具体有以下几个方面：①新兴产业的发展和大规模公共设施建设，需要依靠国家计划来安排和筹集巨额资金。②一些大型、基础性、具有前瞻性的科学研究项目，需要国家投资和支持。③国内产品市场过剩问题严重，必须依靠国家力量开拓国内国际市场。④对社会化大生产中出现的经济波动和危机的干预和调节，以及经济利益关系的调整，都必须借助国家政权的力量。

5. 跨国公司产生和迅速发展的原因是什么？

答：跨国公司在第二次世界大战后得到迅速发展的原因主要有：①生产集中和垄断程度进一步提高，出现大量过剩资本，使垄断企业迫切要求在国际市场寻找有利的投资场所。②生产和资本国际化要求生产力在世界范围内进行重新配置。③世界政治经济形势的变化和旧殖民体系的瓦解，使国际竞争加剧，跨国公司在其他国家直接投资，可以提高国际竞争力，甚至影响和控制所在国的经济和政治。④科技革命的发展，现代化的交通运输工具和通信设备的出现为跨国公司的发展提供了物质条件。

七、论述题

1. 为什么说垄断的形成是自由竞争发展的必然结果？

答：第一，自由竞争的结果总是大企业战胜中小企业、大资本吞并中小资本，从而使生产和资本日益集中到少数大企业手里。第二，信用制度和股份公司广泛发展，有力地促进生产和资本的集中。

生产和资本集中发展到一定阶段就必然引起垄断。第一，生产和资本集中发展到一定程度就产生了垄断的可能性。因为一个生产部门的大部分生产和销售为几个或十几个大企业拥有，它们相互间比较容易达成协议来操纵和控制这一部门的生产和流通。第二，生产和资本集中达到一定程度又产生了垄断的必要性。因为各大企业之间为了避免在竞争中两败俱伤，为了获取稳定的高额利润，有必要暂时达成协议联合起来，形成垄断。此外，生产和资本的高度集中，在一个部门中形成了少数大企业，既使原有的中小企业无力与之匹敌，也使能与之相竞争的新企业难以产生，因而这些少数大企业很自然地在本部门居于垄断地位。

2. 何谓金融资本和金融寡头？金融寡头如何实现其统治？

答：金融资本是垄断的银行资本和垄断的工业资本融合或混合生产而形成的一种新型的垄断资本形式。金融寡头是指掌握着庞大的金融资本，操纵国民经济命脉，并在实际上控制国家政权的少数最大的资本家或垄断资本家集团。

金融寡头主要是通过"参与制"来实现其经济上的统治。"参与制"是指金融寡头通过收买和持有一定数量股票的办法，实现其对股份企业控制的一种方式。金融寡头建立其在政治上和社会生活各个方面的统治，最重要的手段是通过"个人联合"的办法，让自己的代理人进入政府机关担任要职，甚至由金融寡头亲自出马担任政府官员，或者把过去曾经担任过国家军政要职的人员聘请到自己的垄断组织担任董事或经理，从而实现对国家政府机关的直接控制与影响，使国家政府的内外政策有利于金融资本的利益。

3. 试述垄断资本主义时期的竞争与自由竞争时期的竞争有何不同？

答：垄断时期的竞争同自由竞争时期的竞争不同之处是：

第一，竞争的目的不同。自由竞争时期，竞争目的是为了取得平均利润或超额利润。垄断时期，竞争目的是为了获得高额垄断利润。

第二，竞争的手段不同。自由竞争时期，竞争手段主要是通过改进技术、改善经营管理、降低商品成本、提高劳动生产率，以价廉物美的商品来战胜对手。垄断时期的竞争手段除了继续使用上述手段外，更重要的是凭借垄断组织强大的经济实力和政治上的统治力量，采取各种强制手段，甚至采用暴力手段来打垮竞争对手。

第三，竞争的激烈程度和后果不同。自由竞争时期，竞争对手彼此力量单薄，这就限制了竞争的激烈程度和后果。垄断时期，竞争对手是实力雄厚、势均力敌的垄断组织，而且垄断组织的背后有巨大的政治力量作后台，这就使竞争特别激烈，更为持久，破坏作用更严重。

第四，竞争的范围不同。自由竞争时期，竞争场所主要在国内市场。垄断时期，竞争范围则扩展到国际市场，而且竞争领域除了经济领域外，还渗透到政治、军事、文化领域。

4. 试述国家垄断资本主义的双重作用是什么？

答：国家垄断资本主义的产生与发展对资本主义国家的经济具有双重作用，表现在：一方面，它适应了生产高度社会化和新兴科技革命发明的需要，在一定程度上缓和了生产关系与社会生产力之间的矛盾，有利于社会再生产的发展，对资本主义的社会经济发展具有一定的促进作用。主要是因为：运用国家掌握的巨额资本投入社会再生产过程，在一定程度上克服了社会化大生产和私人垄断资本之间的矛盾；国家调节经济活动，在一定范围内突破了私人垄断资本单纯追求眼前利益的狭隘界限；国家对经济的干预，在一定程度上适应了社会化大生产的要求；国家的干预和调节，在一定程度上缓和了劳资矛盾及垄断资本同中小资本的矛盾；通过国家出面进行国际经济调节，使资本主义各国间的矛盾得到协调和缓和。另一方面，国家垄断资本主义是垄断资产阶级利用国家机器干预社会经济生活，迫使日益庞大的社会生产服从极少数垄断资产阶级的利益，从而在更高的层次上加剧了资本主义的固有矛盾，在更深的程度上对资本主义社会的经济发展具有阻碍作用。如巨额税赋导致需求减少，巨额财政赤字会引起通货膨胀，国有经济效率较低等。

八、阅读分析题

答：（1）银行的集中形成了少数大银行财团，它们都拥有巨大的经济实力，彼此势均力敌，为了避免在竞争中两败俱伤，并保证自己的垄断地位，就联合起来自然而然地形成垄断。因此，尽管摩根财团与洛克菲勒家族私怨很深，但他们之间的斗争往往具有妥协性，否则就会影响整个国家的安定与发展。

（2）银行业的集中和垄断，使银行的作用发生了根本性的变化，具有新的作用，银行就由普通的中介人变成万能的垄断者，形成了银行垄断资本与工业垄断融合或混合而成的新型资本——金融资本。这可以从皮尔庞特收编船王兼铁路巨头范德比尔特的产业、卡内基的钢铁公司和洛克菲勒的铁矿厂，投资了爱迪生的通用电气，组建了世界上最大的私人船队等一系列重大行动中，得到印证。

（3）金融寡头在经济上的统治是"参与制"——通过掌握一定数量股票额来支配和控制企业；在政治上的统治是"人事结合"——让自己的代理人或自己亲自出马担任政府要职，或者把离任的政府官员聘到自己的企业担任经理或董事等，实现对国家机关的直接影响和控制。因此，与古老的罗斯柴尔德家族、巴林家族一样，摩根财团的势力渗透到了许多国家的权力结构之中，尤其是美国、英国、法国，还有意大利、日本和比利时。

第三部分　试卷及试卷参考答案

模拟试卷 A

一、单项选择题

（本大题共 20 小题，每小题 1 分，共 20 分）

1. 政治经济学研究的出发点是（　　）。

A. 生产关系

B. 生产力

C. 商品

D. 物质资料生产

2. 下述关于劳动二重性论述中正确的观点是（　　）。

A. 抽象劳动形成人类社会分工的基础

B. 具体劳动和抽象劳动是各自独立存在的两种或两次劳动

C. 具体劳动和抽象劳动是同一劳动过程不可分割的两个方面

D. 具体劳动形成价值的实体

3. 一年内售出商品的价格总额为 2400 亿元，不考虑赊销商品、到期支付与互相抵消支付总额。每元货币的年平均流通次数为 8 次，发行纸币为 200 亿元，纸币（　　）。

A. 升值 50%

B. 贬值 50%

C. 升值 100%

D. 贬值 100%

4. 在 1 只绵羊=2 把斧子的交换中，绵羊的价值是通过斧子的（　　）表现出来的。

A. 价值

B. 价格

C. 交换价值

D. 使用价值

5. 货币转化为资本的前提是（　　）。

A. 货币能够增殖

B. 劳动力成为商品

C. 劳动者成为自由人联合体

D. 货币必须购买到生产资料

6. 去年，某商品价值为 1 元，今年，生产该商品的社会劳动生产率提高了 25%，根据价值量决定原理，该商品今年价值为（　　）。

A. 0.75 元

B. 1.25 元

C. 0.80 元

D. 1.20 元

7. 个别资本家提高劳动生产率的目的和直接动机是（　　）。

A. 追逐超额剩余价值

B. 追逐相对剩余价值

C. 追逐绝对剩余价值

D. 降低劳动力价值

8. 下列关于资本集中与资本积聚的说法中，不正确的是（　　）。

A. 资本集中不会增大社会资本总额

B. 资本积聚的强有力杠杆是竞争与信用

C. 资本积聚速度比资本集中慢

D. 资本集中与资本积聚都是单个资本增大的途径

9. 既属于流动资本，又属于不变资本的是（　　）。

A. 劳动力

B. 原料、燃料、辅料等劳动对象

C. 机器、设备、工具等劳动资料

D. 劳动资料与劳动对象的总和即生产资料

10. 产业资本循环的决定性阶段是（　　）。

A. 生产阶段

B. 购买阶段

C. 销售阶段

D. 生产阶段和销售阶段

11. 研究社会资本运动以（　　）作为出发点，才能既考虑资本流通，又考虑一般商品流通。

A. 货币资本循环

B. 生产资本循环

C. 商品资本循环

D. 生产阶段和销售阶段

12. 某资本主义企业产品价值构成为 $60c+40v+50m$，其成本价格为（　　）。

A. 100

B. 110

C. 90

D. 150

13. 资本循环的典型形式是（　　）。

A. 商业资本循环

B. 产业资本循环

C. 货币资本循环

D. 商品资本循环

14. 社会资本简单再生产的实现过程是通过三次交换实现的，这三次交换分别是（　　）。

A. 第一部类内部交换、两大部类间交换以及生产资料与生活资料交换

B. 第一部类内部交换、第二部类内部交换以及两大部类间交换

C. 第二部类交换、生产资料与生活资料交换以及两大部类间交换

D. 第二部类内部交换、两大部类间交换以及生产资料与生活资料交换

15. 关于商业利润说法正确的是（　　）。

A. 商业利润是商业资本家让渡给产业资本家的剩余价值

B. 商业利润是商业资本家雇用本部门工人创造的剩余价值

C. 商业利润是产业资本家让渡给商业资本家的部分剩余价值

D. 商业利润是商业资本家贱买贵卖获得的剩余价值

16. 资本主义借贷资本的本质是（　　）。

A. 银行资本家的自有资本和借入资本

B. 银行资本与工业资本相融合的金融资本

C. 为产业资本家和商业资本家服务的职能资本

D. 为了取得利息而暂时贷给职能资本家使用的货币资本

17. 平均利润形成后，资本有机构成高的部门生产价格（　　）。

A. 大于商品价值

B. 小于商品价值

C. 等于商品价值

D. 小于平均利润

18. 资本主义农业中的租金是指（　　）。

A. 完全由土地的使用所引起的费用

B. 农业雇佣工人创造的全部剩余价值

C. 农业资本家向土地所有者支付的超额利润

D. 农业资本家在一定时期内向土地所有者缴纳的全部货币额

19. 关于利息的说法中，符合马克思主义政治经济学原理的是（　　）。

A. 利息来源于资本家的节欲，是放弃当前消费的报酬

B. 利息来源于剩余价值，又大于或等于平均利润率

C. 利息是平均利润分割为企业利润之外的那部分剩余价值

D. 利息是借贷资本家为获得资本使用权而让渡给职能资本家的那部分报酬

20. 农产品个别生产价格与社会生产价格之间的差额构成了（　　）。

A. 级差地租

B. 绝对地租

C. 最远土地地租

D. 中等地和优等地地租

二、多项选择题

(本大题共 10 小题，每小题 2 分，共 20 分。错选、多选、少选或未选均无分)

1. 如果剩余价值率给定，影响利润率的因素有（   ）。

A. 资本有机构成

B. 对劳动力的剥削程度

C. 预付资本量的大小

D. 不变资本的节省

E. 资本周转速度

2. 等价形式的特点有（   ）。

A. 使用价值成为价值的表现形式

B. 价值成为使用价值的表现形式

C. 抽象劳动成为具体劳动的表现形式

D. 具体劳动成为抽象劳动的表现形式

E. 私人劳动成为社会劳动的表现形式

3. 平均利润和生产价格形成以后（   ）。

A. 市场价格围绕商品价值上下波动

B. 市场价格围绕生产价格上下波动

C. 利润与预付资本成比例，剩余价值与利润可能不相等

D. 价值与生产价格不再相关

E. 价值规律作用的形式发生了变化

4. 关于生产性流通费用与纯粹流通费用中说法正确的是（   ）。

A. 生产性流通费用是由商品的使用价值运动所引起的费用

B. 纯粹流通费用是由商品的价值和使用价值运动所引起的费用

C. 生产性流通费用通过剩余价值的扣除获得补偿

D. 生产性流通费用能增加商品价值，给商业资本家带来相应的利润

E. 纯粹流通费用是由于商品价值形态发生变化所引起的费用

5. 企业的生产时间包括（　　）。

A. 劳动时间

B. 正常停工时间

C. 生产资料储备时间

D. 购买与出售时间

E. 自然力对劳动对象独立发生作用的时间

6. 社会资本扩大再生产的实现条件包括（　　）。

A. $I(v+m) = IIc$

B. $I(v+\Delta V + m/X) = II(c+\Delta C)$

C. $I(c+v+m) = Ic + IIc$

D. $I(c+v+m) = I(c+\Delta C) + II(c+\Delta C)$

E. $II(c+v+m) = I(v+\Delta V + m/X) + II(v+\Delta V + m/X)$

7. 资本主义绝对地租产生的原因和条件是（　　）。

A. 不同地块土地肥沃程度的差别

B. 对土地的资本主义经营权垄断

C. 对土地私有权的垄断

D. 农业资本有机构成低于工业资本有机构成

E. 农业资本有机构成高于工业资本有机构成

8. 雇佣工人劳动创造的新价值在量上等于（　　）。

A. 不变资本和可变资本之和

B. 不变资本和剩余价值之和

C. 不变资本和可变资本及剩余价值之和

D. 可变资本和剩余价值之和

E. 商品价值与已消耗的生产资料价值的差额

9. 下面哪些说法正确（　　）。

A. 使用价值是交换价值的物质载体

B. 货币资本循环是产业资本循环的典型形式

C. 年剩余价值量等资本周转一次的剩余价值量乘以可变资本周转次数

D. 产业资本循环是生产过程与流通过程的统一

E. 农产品按价值出售时，租种优等地的资本家仅仅获得级差地租，租种劣等地的资本家仅仅获得绝对地租

10. 下列关于垄断与竞争的说法中，正确的是（　　）。

A. 垄断没有消除竞争，因为竞争是商品经济的基本规律

B. 垄断条件下，竞争程度将更加激烈

C. 混合联合公司是生产同类商品的资本主义企业为划分销售市场而建立的垄断同盟

D. 银行业的集中与垄断使得银行由普通的中介人变成万能的垄断者

E. 金融寡头通过"人事结合"在经济上实现统治

三、名词解释

(本大题共 4 小题，每小题 3 分，共 12 分)

1. 生产关系

2. 社会总产品

3. 绝对剩余价值

4. 级差地租

四、计算题

(请分步骤计算，本大题共 7 分)

某资本家企业原预付资本为 800 万美元，资本有机构成为 4∶1，工人年工资为 5000 美元。如果按资本有机构成 20∶1 的比例追加资本 42 万美元，同时还按资本有机构成对原预付资本 420 万美元按 20∶1 的比例进行技术改造，其余部分有机构成不变（假定可变资本一年周转一次）。

请计算：该企业增加或是减少了多少工人？

五、辨析题

(先判断正误，再说明原因，本大题 5 小题，每小题 5 分，共 25 分)

1. 纸币流通规律不要以金属货币流通规律为基础。

2. 剩余价值是全部预付资本带来的，所以剩余价值就转化为利润。

3. 生产价格理论解决了等量资本获得等量利润与劳动价值论之间的矛盾。

4. "人有多大胆，地有多高产。"

5. 劳动力价值包含了历史与道德的因素。

六、阅读分析题

（首先请仔细阅读以下材料，然后用所学政治经济学原理对其进行全面分析，本大题共 16 分）

在苏联及其卫星国地区，一提起平等、自由和正义等共产主义的目标，人们只有苦笑。最终，那些纪念碑似的人物被推倒了。卡尔·马克思的塑像也像列宁和斯大林的塑像一样被轻蔑地销毁。共产主义无论作为理论还是实践都遭到了批判，共产主义的拥护者被丢到一边。

西方人（他们没在马克思主义生产的制度下生活过，因而他们的判断力也没有受到影响）大多数对此持有较为公正的看法。他们往往认为，马克思遭到了误解。东欧和苏联实行的共产主义是对马克思思想的扭曲。在那片蒙昧土地上发生的一切可能会使马克思本人惊骇不已。这一切与他的思想正确与否毫无关系。

其实，马克思在许多方面都是正确的，比如资本主义的许多问题、全球化的国际市场、经济周期和经济决定思想的方式等。马克思很有先见之明。所以请你务必丢弃苏联和东欧实施的共产主义，但千万不要丢弃马克思。

（摘自 2002 年 12 月 21 日英国《经济学家》周刊登载的题目为《共产主义后的马克思》）

根据上述材料，结合本学期所学理论（只需具备一个理论）谈谈你对当前中国现实经济问题的看法。

模拟试卷 B

一、单项选择题

(本大题共 20 小题，每小题 1 分，共 20 分)

1. 物质资料生产过程中的基本要素是 （   ）。

A. 劳动力和劳动资料

B. 劳动、劳动对象

C. 劳动、生产资料

D. 劳动力与劳动过程

2. 下面关于简单劳动与复杂劳动论述中正确的观点是 （   ）。

A. 简单劳动形成商品使用价值，复杂劳动形成商品价值

B. 简单劳动和复杂劳动是同一劳动过程不可分割的两个方面

C. 社会必要劳动时间是以简单劳动作为单位的

D. 在商品中，通过生产者自觉计算将复杂劳动转化为多倍的简单劳动

3. 货币的出现，使商品内在的使用价值与价值的矛盾表现为 （   ）。

A. 具体劳动与抽象劳动的对立

B. 个别劳动时间与社会必要劳动时间的对立

C. 外部商品与货币的对立

D. 外部商品与商品的对立

4. 一年内售出商品的价格总额为 2000 亿元，不考虑赊销商品、到期支付与互相抵消支付总额。每元货币的年平均流通次数为 5 次，发行纸币为 800 亿元，纸币 （   ）。

A. 升值 50%

B. 贬值 50%

C. 升值 100%

D. 贬值 100%

5. 下列关于货币和资本的论述中，不正确的论断是（　　）。

A. 资本表现为一定数量的货币，但货币本身并不是资本

B. 货币能转化为资本，关键在于能够买到生产资料并通过流通获利

C. 资本的本质不是物，而是生产关系

D. 普通货币的流通与作为资本的货币流通其形式和实质都不相同

6. 去年，某资源性商品价值为 1 元，由于能耗增大，今年生产该商品的社会劳动生产率下降了 20%，根据价值量决定原理，该商品今年价值为（　　）。

A. 0.75 元

B. 1.25 元

C. 0.80 元

D. 1.20 元

7. 下列关于剩余价值的论述中，正确的是（　　）。

A. 剩余价值具有两种生产方法：超额剩余价值生产与绝对剩余价值生产

B. 剩余价值量等于剩余价值率乘以预付资本数量

C. 相对剩余价值是每个资本家都能获得的

D. 绝对剩余价值是相对剩余价值的基础与出发点

8. 下列关于资本主义再生产的论述中，正确的观点是（　　）。

A. 资本主义再生产的特征是简单再生产

B. 简单再生产是资本家把剥削来的剩余价值一部分用于再生产，以获取更多的剩余价值

C. 资本积累是扩大再生产的唯一源泉，剩余价值是资本积累的重要源泉

D. 在简单再生产中，可变资本是工人创造的，而且经过若干年后，所有资本都是工人创造的

9. 既属于可变资本，又属于流动资本的是（　　）。

A. 购买劳动力形式存在的那部分资本

B. 原料、燃料、辅料等劳动对象

C. 机器、设备、工具等劳动资料

D. 劳动资料与劳动对象的总和即生产资料

10. 下列关于资本的不同论述中，正确的是（　　）。

A. 固定资本和流动资本的划分是以资本的不同部分在剩余价值生产中的不同作用为依据的

B. 不变资本和可变资本的划分目的在于揭示资本周转速度对剩余价值生产的影响

C. 借贷资本是一种职能资本，以获得利息为目的

D. 商业资本所执行的是商品资本的职能

11. 某社会生产规模及图式是，Ⅰ（4000c+1000v+1000m），Ⅱ（1600c+800v+800m），如果第一部类资本家剩余价值积累的部分为200，资本有机构成与剩余价值率不变，要保持社会资本再生产的正常进行，第二部类资本家消费为多少（　　）。

A. 400

B. 440

C. 360

D. 540

12. 某资本主义企业产品价值构成为 200c+100v+50m，其产品出售价格的最低点是（　　）才不至于亏损。

A. 300

B. 150

C. 200

D. 350

13. 下列关于产业资本循环的论述中不正确的是（　　）。

A. 产业资本循环的决定性阶段是生产阶段

B. 产业资本循环是货币资本循环、生产资本循环与商品资本循环三种循环形式的统一

C. 商品资本执行的是为生产剩余价值准备条件的职能

D. 产业资本连续循环要具备空间并存性与时间继起性两个条件

14. 某资本家的企业预付资本为 20000 万元，其中固定资本为 15000 万元，折旧率为 10%，流动资本为 5000 万元，一年周转 4 次，预付资本的年周转次数为（   ）。

A. 1.08

B. 1.5

C. 1.25

D. 0.95

15. 借贷资本所有者贷出货币资本时（   ）。

A. 转让了资本使用权，没有放弃资本所有权

B. 放弃了资本所有权，没有转让资本使用权

C. 既放弃了资本所有权，又转让了资本使用权

D. 既没有放弃资本所有权，也没有转让资本使用权

16. 利润率是（   ）。

A. 剩余价值同所费资本的比例

B. 剩余价值同可变资本的比例

C. 剩余价值同预付资本的比例

D. 剩余价值同固定资本的比例

17. 平均利润形成后，资本有机构成高的部门生产的剩余价值（   ）。

A. 大于平均利润

B. 小于平均利润

C. 等于平均利润

D. 等于垄断利润

18. 资本主义农业地租的本质是（   ）。

A. 完全由土地的使用所引起的费用

B. 农业雇佣工人创造的全部剩余价值

C. 农业资本家向土地所有者支付的超过平均利润率的那部分超额剩余价值

D. 农业资本家在一定时期内向土地所有者缴纳的全部货币额

19. 下列关于垄断资本主义论述中正确的是（　　）。

A. 生产集中到一定程度会产生垄断

B. 垄断消除了竞争

C. 垄断资本的目的在于提高劳动生产率，获得平均利润

D. 银行业的垄断目的在于为职能资本家提供更好的服务

20. 利息出现以后，使用借入资本的企业，其利润必然（　　）。

A. 等于平均利润

B. 大于平均利润

C. 小于平均利润

D. 包括全部剩余价值

二、多项选择题

（本大题共 10 小题，每小题 2 分，共 20 分。错选、多选、少选或未选均无分）

1. 影响资本积累的因素有（　　）。

A. 资本家的投资冲动与动物本能

B. 对劳动力的剥削程度

C. 社会劳动生产率水平

D. 所使用的资本和所耗费的资本之间的差额

E. 预付资本量的大小

2. 价值规律的作用形式有（　　）。

A. 市场价格围绕价值上下波动

B. 市场价格围绕生产价格上下波动

C. 市场价格围绕成本价格上下波动

D. 市场价格围绕垄断价格上下波动

E. 市场价格围绕平均利润上下波动

3. 劳动力商品的价值主要包括（　　）。

A. 维持劳动者生存所必需的生活资料价值

B. 历史的和道德的因素

C. 劳动者享受和发展所需的生活资料价值

D. 维持劳动者家庭成员所必需的生活资料价值

E. 劳动者受教育和训练的费用

4. 平均利润率形成以后（　　）。

A. 各部门的利润率趋向平均化

B. 各部门内部各个企业的利润率完全相等

C. 各部门商品的价值和它们的生产价格完全一致

D. 各部门的剩余价值与平均利润不一定完全一致

E. 所有企业消除了利润率的差别

5. 资本积聚和资本集中的联系和区别是（　　）。

A. 都是个别资本增大的途径

B. 资本积聚增大社会资本总量，资本集中不增加社会资本总量

C. 资本积聚和资本集中都增加社会资本总量

D. 资本集中较快，资本积聚较慢

E. 资本积聚受社会财富增长的限制，资本集中不受社会财富增长的限制

6. 商品是（　　）。

A. 用来交换的劳动产品

B. 为满足生产者自身需要的劳动产品

C. 价值和使用价值的统一体

D. 价值和交换价值的统一体

E. 是历史的范畴

7. 下列费用中属于生产性流通费用的是（　　）。

A. 店员工资

B. 包装费用

C. 商业办公费用

D. 运输费

E. 广告费

8. 下列哪些说法正确（　　）。

A. 土地肥沃程度的差别形成绝对地租

B. 利息是资本所有权节欲的补偿

C. 土地的经营权垄断是级差地租形成的原因

D. 货币转化为资本的前提是劳动力成为商品

E. 资本周转越快，实际发挥作用的可变资本就越多，年剩余价值量就越大

9. 雇佣工人劳动创造的新价值在量上等于（　　）。

A. 不变资本和剩余价值之和

B. 不变资本和可变资本之和

C. 可变资本和剩余价值之和

D. 不变资本和可变资本及剩余价值之和

E. 商品价值与已消耗的生产资料价值的差额

10. 产业资本在循环过程中，所采取的资本职能形式有（　　）。

A. 货币资本

B. 生产资本

C. 商品资本

D. 借贷资本

E. 商业资本

三、名词解释

（本大题共 4 小题，每小题 3 分，共 12 分）

1. 资本集中

2. 相对剩余价值生产

3. 生产价格

4. 绝对地租

四、计算题

（请分步骤计算，本大题共 7 分）

农业资本家租种 A、B、C 三类地，预付资本为 200，A 类地产量为 8 担，B 类地产量为 6 担，C 类地产量为 4 担，三类地都为社会生产所必需，平均利润率为 20%。

请判断：哪类地要支付级差地租，计算级差地租分别为多少？

五、辨析题

（先判断正误，再说明原因，本大题共 5 小题，每小题 5 分，共 25 分）

1. 使用价值是交换价值的物质载体，两者共同构成商品的两重属性。

2. 凡是能为其所有者带来预期收益的实物、无形声誉、权力都是资本。

3. 只要个别资本家提高劳动生产率，他就能获得绝对剩余价值。

4. 资本周转越快，越能提高年剩余价值率。

5. 商业利润来源于商业工人创造的剩余价值。

六、阅读分析题

（首先请仔细阅读以下材料，然后用所学政治经济学原理对其进行全面分析，本大题共 16 分）

> 失业是资本主义国家难以解决的经济、社会问题，在经济合作与发展组织发达国家中，欧盟失业问题最为严重。1997 年，欧盟 15 国平均失业率达 10.7%，而美国为 5.0%，日本为 3.3%。欧盟首强德国，1970~1980 年失业率为 2.5%，1980~1990 年为 5.7%，1997 年为 10.0%，1997 年大约为 1970~1980 年平均数的 4 倍。
>
> （摘自 1998 年 8 月 12 日《人民日报》）

根据上述材料，结合本学期所学有关政治经济学原理，分析资本主义国家工人失业产生的内在原因。

模拟试卷 C

一、单项选择题

（本大题共 10 小题，每小题 1 分，共 10 分）

1. 在社会生产关系中，需要解决的最基本问题是（　　）。

A. 生产与分配、交换、消费的关系问题

B. 生产力与生产关系相互作用的问题

C. 生产资料归谁所有的问题

D. 物质资料生产问题

2. 在一个部门中，个别企业的劳动生产率变化，但是部门劳动生产率不变，则生产单位商品的社会必要劳动时间与单位商品的价值量（　　）。

A. 前者变化而后者不变

B. 后者变化而前者不变

C. 两者都不变

D. 两者都变化

3. 劳动力商品最突出的特殊性在于（　　）。

A. 它的价值由生存、延续、发展三部分生活资料的价值组成

B. 它的价值决定受历史道德因素的影响

C. 它存在于人的体内

D. 它的使用价值是价值的源泉

4. 个别企业加强工人劳动强度而多得的价值部分属于（　　）。

A. 超额剩余价值

B. 相对剩余价值

C. 绝对剩余价值

D. 剩余价值外负担

5. 通过对资本流通公式的分析可以看出，剩余价值只可能产生在（   ）。

A. G–W 阶段的货币上

B. W–G′阶段所销售的商品上

C. W–G′阶段销售商品所得到的货币上

D. G–W 阶段购买的商品上

6. 考察社会资本运动的出发点是（   ）。

A. 社会总产品

B. 社会货币资本总量

C. 全部消费资料之和

D. 全部生产资料之和

7. 在社会资本扩大再生产的实现过程中，通过第一部类的内部交换可以使（   ）。

A. Ⅰ(c+v+m) 的价值补偿得以实现

B. Ⅰ(c+v+m) 的实物替换得以实现

C. Ⅰ(c+Δc) 的实物替换和价值补偿得以实现

D. Ⅰ(c+Δc) + Ⅱ(c+Δc) 的实物替换和价值补偿得以实现

8. 部门内部企业的竞争，以（   ）的不断提高为特征。

A. 生产资料价值

B. 劳动力价值

C. 商品价值

D. 资本有机构成

9. 某资本主义企业按 10% 的贷款利率向银行贷款 100 万美元，一年以后获平均利润 15 万美元，于是该企业利润总共为（   ）。

A. 5 万美元

B. 10 万美元

C. 15 万美元

D. 20 万美元

10. 劣等地也必须交租，是因为土地的（　　）存在。

A. 等级差别

B. 所有权垄断

C. 价格

D. 经营权垄断

二、多项选择题

（本大题共 5 小题，每小题 2 分，共 10 分。答案错选或未选者，该题不得分）

1. 以下物品中不属于生产工具的是（　　）。

A. 各类车床

B. 运输用的各类汽车

C. 各类容器

D. 道路

E. 厂房

2. 许多商品的价值由一种商品来表现的现象属于（　　）。

A. 简单的、偶然的价值形式

B. 总和的扩大的价值形式

C. 一般价值形式

D. 货币形式

E. 相对价值形式

3. 土地、设备、原材料等生产要素在生产过程中（　　）。

A. 它们的价值再现在产品价值中

B. 它们的价值由劳动者的活劳动再生产出来

C. 它们的价值量不会发生变化

D. 是使用价值生产的不可缺少的物质要素

E. 与劳动者的劳动一起构成价值创造的源泉

4. 社会资本扩大再生产条件下的剩余价值（　　）。

A. 全部用于积累

B. 全部用于消费

C. 划分为积累和消费两个部分

D. 用于积累的部分划分为追加的不变资本和追加的可变资本两部分

E. 用于消费的部分是指资本家的个人消费

5. 以下说法不正确的有（　　）。

A. 平均利润率的形成是部门之间竞争的结果

B. 职能资本包括产业资本、商业资本、借贷资本

C. 土地的等级差别导致了级差地租的产生

D. 商业利润体现了商业资本家对店员创造的剩余价值的剥削

E. 垄断形成之后企业之间就不再竞争了

三、辨析题

（先判断正误，再说明原因。每小题 3 分，共 15 分）

1. 通过计算某一部门生产某种商品的个别劳动时间，我们可以确定生产该商品的社会必要劳动时间。

2. 垃圾站收购的垃圾只有价值没有使用价值。

3. 个别资本家只要提高企业劳动生产率，便可以获得相对剩余价值。

4. 纯粹流通费用从增大的商品价值中得到补偿。

5. 垄断价格的产生，使价值规律的作用已经消失。

四、计算题

（写出计算公式及步骤，本题 9 分）

甲、乙两个资本主义企业，预付总资本均为 100 万元。甲企业固定资本为总资本的 80%，使用寿命为 10 年；乙企业固定资本为总资本的 40%，使用寿命为 5 年；甲企业流动资本年周转 10 次，乙企业流动资本年周转 15 次。如果两企业资本有机构成均为 9∶1，剩余价值率均为 100%。

请计算：

（1）两企业的年剩余价值量各为多少？

（2）年剩余价值率各为多少？

（3）预付资本总周转次数各为多少？

五、简答题

(回答要点，并简明扼要作解释，每小题 4 分，共 20 分)

1. 为什么说"劳动力成为商品"是货币转化为资本的前提条件？

2. 同一预付资本为什么有时划分为"不变资本与可变资本"，而有时又划分为"固定资本与流动资本"？两种划分各自依据是什么？

3. 影响资本积累的因素有哪些？

4. 在资本家所得到的收入中，至少有三种收入是可以表现两种人对产业工人共同的剥削关系的，它们是什么？又是如何表现这种剥削关系的？

5. 马克思的地租理论告诉我们，农业资本家无论是租种优等地还是租种劣等地都只能获得平均利润。假如让你承包村里的土地，你是会选择承包优等地还是劣等地？为什么？

六、论述题

(要阐明要点，并作相应论证，每小题 9 分，共 18 分)

1. 资本总公式是什么？它存在什么矛盾？这个矛盾又是如何解决的？

2. 以下要素按一定的顺序排列，可以构成政治经济学的一个理论，请你：

(1) 写出这个理论的名称；

(2) 将各个要素按正确的顺序排列，并详细说明该理论的内容。

① P；② 资本在各部门之间转移；③ 各部门资本有机构成不同；④ $\bar{P}'$；⑤P′；⑥K + $\bar{P}$。

七、阅读分析题

(首先请仔细阅读以下材料，然后用所学政治经济学原理对其进行全面分析，本题 18 分)

火车票调价始末

铁道部依据 2000 年 11 月国家计委《关于部分列车实行政府指导价有关问题的批复》，2001 年 4 月，铁道部公布了在 2001 年春运期间，火车票提价 20%~30% 的决定。火车票提价后，在社会上引起了很大的反响。

有人认为，火车票提价是应该的，符合市场经济发展规律的要求，有利于铁路部门成为市场竞争主体，通过市场竞争手段实现自主经营和自负盈亏，推动铁路市场化改革的步伐。有人认为，火车票提价是错误的，铁道部作为具有垄断性质的公共部门，是依据垄断地位而"敛财"，损害了消费者的利益。铁路客票定价主要依据是运输成本。如果连运输成本都搞不清楚，提价就缺少科学依据。在运输成本很低的情况下，如果像铁路这样的垄断者把客票价格提得比成本高很多，在任何一个市场经济国家中都是违背客观经济规律的，甚至是违法的。我们国家是社会主义市场经济，更不允许凭借垄断权力去损害消费者的利益。还有一个律师以申请复议的法律途径对铁道部正式提出了质疑，并要求取消春运涨价令。

2007 年 1 月 10 日，铁道部新闻发言人王勇平透露，2007 年春运，铁路各类旅客列车票价将一律不上浮。而且今后春运，铁路客运也将不再实行票价上浮制度。王勇平说，近几年随着全国铁路改革的深入，以及铁路线网建设速度的加快，我国铁路客运能力已有所加强。铁路部门已经有能力把优惠的政策带给广大乘客。所以，从去年春运开始，以农民工、高校学生为主要客流的临时旅客列车实行票价不上浮。今年，全国 9 个中心城市试点推出办理学生返程票的业务，也受到了广大高校学生的欢迎。今年春运各类旅客列车不涨价的政策，也是系列惠民措施中的一个。这一政策实施后，数千万旅客将直接受益，铁道部门的票务收入将减少 2 亿元。

资料来源：春运火车票今年起不涨价. 新京报（北京），2007-01-11.

模拟试卷A参考答案

一、单项选择题

1. D	2. C	3. A	4. D	5. B
6. C	7. A	8. B	9. B	10. A
11. C	12. A	13. C	14. B	15. C
16. D	17. A	18. D	19. C	20. A

二、多项选择题

1. ADE	2. ADE	3. BCE	4. ADE	5. ABCE
6. BDE	7. CD	8. DE	9. ABCD	10. ABD

三、名词解释

1. 答：在物质资料生产过程中（1分）所形成的生产、交换、分配和消费关系，（1分）生产关系建立在一定生产资料所有制基础上。（1分）

2. 答：社会各物质生产部门在一定时期内所生产出来的全部物质资料的总和，（2分）社会总产品即社会总商品资本。（1分）

3. 答：在必要劳动时间不变的条件下，（1分）由于工作时间的延长而生产的剩余价值。（2分）

4. 答：级差地租是经营较好土地所获得的，（1分）归土地所有者占有的超额利润。（1分）它是农产品个别生产价格低于社会生产价格的差额而形成的超额利润的转化形式。（1分）

四、计算题

答：（1）计算原有工人数：

8000000×1/5÷5000=320（人）（2分）

（2）计算追加资本与技术改造后所需工人数：

（42×1/21+420×1/21+380×1/5）÷0.5 =196（人）（3分）

（3）减少工人数：

320-196=124（人）（2分）

五、辨析题

1. 错误。（1分）纸币是国家发行并强制使用的货币符号，（1分）纸币发行数量必须要以金属货币流通为基础，（2分）否则就会导致通货膨胀或者通货紧缩。（1分）

2. 错误。（1分）剩余价值是可变资本带来的，（2分）但对于资本家来说，剩余价值是成本价格的产物，当把剩余价值看作是全部预付资本的产物时，剩余价值就转化为利润。（2分）

3. 正确。（1分）对生产价格理论分析了剩余价值转变为利润、利润转化为平均利润、价值转化为生产价格的过程，（3分）说明了资本主义竞争法则，从而解决了劳动价值论与等量资本获得等量利润的矛盾。（1分）

4. 错误。（1分）经济规律是客观存在的，不管人们是否意识到总是存在并发生作用。（2分）"人有多大胆，地有多高产"的口号不符合资源承载能力的生产力基本原理，因而是错误的。（2分）

5. 正确。（1分）劳动力价值主要由构成工人生活资料的种类与范围决定，在一定的经济社会条件下，必须考虑历史和道德因素。（2分）随着社会经济条件的进步，劳动力的价值也会随着发生改变。（2分）

六、阅读分析题

答：（1）学生能够利用所学的生产力生产关系理论、剩余价值理论、资本有机构成与相对过剩人口论、资本积累理论、社会再生产理论或者平均利润

理论、利息与地租理论中的任何一个理论联系中国一个现实经济问题进行分析就可得分。(8分)

（2）评分优秀标准为：理论表述准确、结构清楚、分析逻辑合理。(6分)

（3）根据学生答卷，改卷老师可以机动控制2分。

模拟试卷 B 参考答案

一、单项选择题

1. C	2. C	3. C	4. D	5. B
6. B	7. D	8. D	9. A	10. D
11. B	12. A	13. C	14. A	15. A
16. C	17. B	18. C	19. A	20. C

二、多项选择题

1. BCDE	2. ABD	3. ADE	4. AD	5. ABDE
6. ACE	7. BD	8. CDE	9. CE	10. ABC

三、名词解释

1. 答：资本集中把若干个分散的中小资本合并成为大资本，（2分）是个别资本增大的途径。（1分）

2. 答：在工人的工作日不变的条件下，（1分）由于缩短必要劳动时间而延长剩余劳动时间所生产的剩余价值。（2分）

3. 答：由成本价格加上平均利润所构成的价格就是生产价格，（2分）是商品价值的转化形式。（1分）

4. 答：租种任何土地，包括劣等地都必须缴纳的地租，称为绝对地租。（3分）

四、计算题

答：（1）计算三类地产出的总生产价格与单位个别生产价格：

A 类地：总生产价格 200+200×20%=240，单位产品个别生产价格：240/8=30

B 类地：总生产价格 200+200×20%=240，单位产品个别生产价格：240/6=40

C 类地：总生产价格 200+200×20%=240，单位产品个别生产价格：240/4=60（3分）

（2）确定单位产品的社会生产价格由劣等地的个别生产价格决定为60。（2分）

（3）A、B 两类地个别生产价格小于社会生产价格，获得超额利润转化为级差地租

A 类地级差地租：(60−30)×8=240

B 类地级差地租：(60−40)×6=120（2分）

五、辨析题

1. 错误。（1分）商品的二因素为使用价值与价值，（2分）使用价值是交换价值的物质载体，交换价值是价值的表现形式。（2分）

2. 错误。（1分）资本的本质不是物，不是人与自然的占有的关系。（2分）资本是能够带来剩余价值的价值，资本的本质是一种生产关系。（2分）

3. 错误。（1分）个别资本家提高劳动生产率，使个别劳动时间小于社会必要劳动时间，就可以获得超额剩余价值。（4分）

4. 正确。（1分）年剩余价值率等于资本周转一次的剩余价值率与可变资本周转速度的乘积，（2分）提高资本周转速度，可以提高年剩余价值率。（2分）

5. 错误。（1分）商业利润本是产业资本家剥削雇用工人所得剩余价值的让渡，（2分）它是通过商业资本家剥削商业员工的劳动来实现的。（2分）

六、阅读分析题

答：在资本积累过程中，一方面由于资本有机构成不断提高，导致资本对劳动的需求相对减少，（5分）另一方面劳动力的供给日益增多，导致相对

过剩人口，相对过剩人口是资本主义的必然产物，也是资本主义生产方式存在的必要条件，这是资本主义失业难以完全解决的根本原因。（7 分）在此基础上，学生能够联系材料中所述事实进行分析，要求理论表述准确，结构清楚，分析逻辑合理）根据学生答卷，改卷老师可以机动控制 4 分。

模拟试卷 C 参考答案

一、单项选择题

1. C   2. B   3. D   4. C   5. D

6. A   7. C   8. D   9. A   10. B

二、多项选择题

1. CDE   2. CD   3. ABCD   4. CDE   5. BCDE

三、辨析题

1. 错误。（1分）商品的社会必要劳动时间不是通过计算能够确定的，而是通过生产该商品的同类企业在市场上千百次的商品交换确定的。（2分）

2. 错误。（1分）收购站里的废品，其原形态商品的使用价值和价值消失了，但它们作为再生产品的原材料的价值和使用价值依然存在，所以废品不仅有价值，而且还有使用价值。（2分）

3. 错误。（1分）个别资本家提高企业劳动生产率只能获得超额剩余价值，而相对剩余价值则是全社会资本家提高企业劳动生产率的结果。（2分）

4. 错误。（1分）纯粹流通费不会增大商品价值，所以只能从剩余价值中得到补偿。（2分）

5. 错误。（1分）垄断条件下价值规律依然会发生作用，只是形式发生了变化，市场价格开始围绕垄断价格波动。（2分）

四、计算题

答：（1）年剩余价值量：（3分）

$M_甲 = v×m'×n=100/(9+1)×100\%×10=100$（万元）

$M_乙 = v×m'×n=100/(9+1)×100\%×15=150$（万元）

（2）年剩余价值率：（3分）

$M'_甲 = M/v=100/10=1000\%$

$M'_乙 = M/v=150/10=1500\%$

（3）预付资本总周转次数：（3分）

$N_甲 = (8 + 200)$ 万元/100 万元 = 2.08（次）

$N_乙 = (8 + 900)$ 万元/100 万元 = 9.08（次）

五、简答题

1. 答：因为只有具有特殊使用价值的劳动力商品才能创造剩余价值，（1分）而货币只有在带来了剩余价值的条件下才能成为资本，（1分）所以要想把货币转化为资本，就必须首先用货币购买到劳动力商品（1分），所以说"劳动力成为商品"是货币转化为资本的前提条件。（1分）

2. 答：为了研究不同的问题，我们需要把同一预付资本进行不同的划分。具体来说，我们为了研究剩余价值的来源，就必须把同一预付资本划分为"不变资本与可变资本"；（1分）我们为了研究资本的运动速度，就必须把同一预付资本划分为"固定资本与流动资本"。（1分）划分"不变资本与可变资本"的依据，是资本的不同部分在剩余价值生产过程中的不同作用；（1分）划分"固定资本与流动资本"的依据，是资本不同部分价值周转方式的不同。（1分）

3. 答：影响资本积累的因素有：①剩余价值率的高低；（1分）②社会劳动生产率的高低；（1分）③所用资本与所费资本的差额；（1分）④预付资本的大小。（1分）

4. 答：资本家的以下三种收入可以表现两种人对产业工人共同的剥削关系，即商业利润、银行利息、地租。（1分）商业利润是产业资本家让渡出来的、由产业工人创造的部分剩余价值，体现了商业资本家和产业资本家对产业工人共同的剥削关系；（1分）银行利息是职能资本家让渡出来的、由产业工人创造的部分剩余价值，体现了银行资本家和职能资本家对产业工人共同的剥削关系；（1分）地租是农业资本家转交给土地所有者的、由农业工人创造的超过平均利润以上的那部分剩余价值，体现了土地所有者和农业资本家对农业工人共同的剥削关系。（1分）

5. 答：承包优等地。（1分）因为优等地的生产条件天然优于劣等地，在同等条件下，优等地的劳动生产率会高于劣等地，这样在优等地上追加投资就可能因为劳动生产率高而产生超额利润，尽管这一超额利润最终会成为级差地租Ⅱ为土地所有者占有，但在土地租约的有效合同期内，却能归农业资本家所得。而在劣等地上的任何努力，都不可能获得这样的超额利润。（2分）所以拥有了优等地的经营权，就意味着拥有了获得超额利润的生产条件。（1分）

六、论述题

1. 答：G—W—G′这个公式，综合地反映了商业资本、产业资本和生息资本的运动形式，是所有资本的最一般的运动形式，所以，马克思称其为资本的总公式。（2分）

资本总公式的矛盾，是资本在G—W—G′的运动过程中发生的价值增殖与价值规律的等价交换原则之间的矛盾。（2分）

资本总公式的矛盾是这样解决的，即资本家在流通领域中遵循等价交换的原则，购买到了生产资料和劳动力，然后把它们投入生产领域，经过生产过程创造出新商品来。由于在这个过程中，劳动力这种特殊商品的使用价值发挥了特殊的作用，既创造出了价值，又创造出了剩余价值（ΔG），这时候W就变成了W′。资本家再在流通领域中，遵循等价交换的原则，把W′卖掉，拿到与W′价值等量的货币G′。也就是说资本总公式G—W—G′的完整形态应该是G—W……W′—G′，这样，资本家就既获得了价值增殖，又没有违反价值规律要求的等价交换原则，资本总公式矛盾就此得到了解决。（5分）

2. 答：（1）这个理论是"生产价格理论"。（2分）
（2）序号的正确顺序是：③⑤②④①⑥。（3分）

"生产价格理论"的详细内容是：由于各部门之间资本的有机构成不同，因此部门之间的利润率就会有高低不同，资本就会从利润率高的部门向利润率低的部门转移，其结果就会形成平均利润率。平均利润率形成之后，所有资本家都只能依据各自资本额的大小，按平均利润率获取利润，即获取平均利润。平均利润形成之后，生产价格就形成，生产价格即是成本加平均利润。（4分）

七、阅读分析题

答题要点：

（1）阐述马克思关于商品成本价格、生产价格和价格的理论。商品的价格是以商品的生产价格为基础的，成本价格的变动是引起生产价格变动的主要因素。（8分）

（2）阐述价值规律的内容及作用形式。（4分）

（3）请回答你赞成哪种观点。（2分）说明理由。（4分）

主要参考文献

［1］康静萍等编著. 政治经济学原理. 经济管理出版社，2014.

［2］龚立新等编著. 政治经济学原理学习指导. 经济管理出版社，2010.

［3］翔高教育经济与教学研究中心编写. 政治经济学习题册. 中国人民大学出版社，2012.

［4］程思富主编. 现代政治经济学新编习题集（第四版）. 上海财经出版社有限公司，2013.

［5］勒共元主编. 政治经济学——教学参考书·习题集. 科学出版社，2005.

［6］王瑞泽，丁晓莉编著. 逢锦聚《政治经济学》(第4版) 课后习题与考研真题详解. 中国石化出版社，2012.

后　记

　　在本书的编写过程中，江西财经大学经济学院经济系的全体教师提出了许多建设性的意见，有些教师还无私地贡献出了他们收集、整理的许多习题，他们是真正的无名英雄。

　　我们还要特别感谢江西财经大学经济学院院长、博士生导师陈富良教授的关心，以及经济管理出版社编辑们的帮助，没有他们的辛勤劳动，本书不可能编写与出版。

　　另外，本书还参考并引用了我国其他高校编写的相关教材与习题，许多资料选自国内众多网站及报纸杂志，在此一并表示感谢！

编著者

2014 年 6 月